EL ANTÍDOTO

CARLOS REBATE

EL ANTÍDOTO

12 técnicas para sobrevivir
a la inteligencia artificial

 Empresa Activa

Argentina – Chile – Colombia – España
Estados Unidos – México – Perú – Uruguay

A Lucía y Lucas,
mi razón para esforzarme porque el futuro
sea un lugar hermoso.

«El secreto es rodearte de personas
que te hagan sonreír el corazón. Es entonces,
solo entonces, que estarás en el País de las Maravillas.»

LEWIS CARROLL, *Alicia en el País de las Maravillas*

Índice

Prólogo de Raquel Roca

Si eres de mi generación aprox. recordarás esa vieja (qué le vamos a hacer) canción de Santiago Auserón: «Dicen que tienes veneno en la piel...». Olvida lo que sigue después en la letra —que no viene al caso— pero quedémonos con eso: el veneno. Digitalización, Inteligencia Artificial, crecimiento exponencial, computación cuántica, singularidad... Lo reconozco, son palabras que me gustan. Que me activan. A veces lo hacen desde el placer, otras desde el estrés. Pero me ponen las pilas en cualquier caso. Palabras que me provocan curiosidad y hacen que quiera saber más, porque son los conceptos que estarán ligados a mi futuro profesional. Al igual que al tuyo. Y pocas cosas me parecen más sagradas que nuestra empleabilidad; hay que cuidarla tanto... Hoy día, lo sabes, si te estancas, si te quedas con lo que ya sabes, estás profesionalmente muerto. Así que sí, yo al menos necesito evolucionar mis conocimientos, mi forma de entender el trabajo y la vida. Quiero saber más, aprender más, digitalizarme más, poner mi mente lineal en modo exponencial... Llevo en mi piel el veneno de la tecnología.

Y no quiero antídoto.

Hablo de veneno por aquello de la adicción (en positivo) y como juego de palabras obviamente, porque la digitalización y lo que nos trae el futuro del trabajo no es malo, ni negativo, ni destructivo. Al contrario. Lo que consigue Carlos Rebate en este libro es meternos en vena altas dosis de entendimiento, de comprensión e incluso pasión por todo aquello nuevo que está llegando, que nos va a cambiar la vida. Y es un genio haciéndolo, ayudándose de otros genios. Mira que es difícil el género de la entrevista, conseguir mantener el nivel de atención pregunta-respuesta... Pues sus entrevistas se devoran. Más, más, más... Más que antídoto Carlos crea nuevas adicciones, pronto lo comprobarás.

Comparto con el autor su proyección humanista de la vida y de la tecnología y esa mirada siempre utópica, porque es desde ahí —desde la esperanza y la ilusión por un mundo mejor— como se avanza. Y si además añades datos y estudios que avalen las ilusiones, tenemos el combinado perfecto. Porque ser más humanos en este futuro tecnológico será una ventaja competitiva.

Carlos, como buen *knowmad* (nómada del conocimiento) comparte desde la generosidad lo que sabe, nos conecta con personas superinteresantes y aplica lo que predica aportando «un valor especial y genuino a un publico objetivo», porque así es su manera de combatir la Singularidad Tecnológica: ¡siendo singular!

Este libro es un antídoto contra la parálisis, el desconocimiento y el miedo. Un pedazo de regalo intelectual y práctico, un catalizador, para que construyamos el mejor de los futuros. El que nos merecemos.

¡Que lo disfrutes!
RAQUEL ROCA
Autora de *Knowmads* y *Silver Surfers*

Prólogo de Andy Stalman

Durante muchos años viví preocupado por el futuro. Los años, la experiencia, las vivencias me hicieron ver que no debía preocuparme del futuro sino más bien ocuparme del presente. Porque el futuro no es ni más ni menos que el resultado de las decisiones y de las acciones que tomamos y hacemos hoy. O de las que dejamos de hacer.

El *Antídoto* llega en un momento fundamental. Todo el mundo está hablando del futuro, inquietos por el futuro, vaticinando el futuro, pero pocos están proponiendo hojas de ruta o claves para desarrollar lo que viene a partir de hoy. Lo que necesitamos en nuestro presente.

Nuestra sociedad está anestesiada, observando cómo las cosas pasan en lugar de hacer que las cosas pasen. Las personas necesitan un empujón para quitarse la anestesia, para despertar, un grito: «¡Eh, despierta!» Sí, tú. Tú que aún estás a tiempo.

Quizás no lo sepas, pero si aún no estás envenenado, lo estarás. No es un veneno tradicional, como podría ser el de un escorpión, una araña o una serpiente, es más complicado.

Lo fabuloso de este libro, entre muchas otras cosas, es que este libro quiere ofrecernos una especie de antídoto. Un antídoto a favor del ser humano, para abrir la mente y el corazón a la infinita capacidad de crear y construir una sociedad mejor. Sin miedos, abrazando al prójimo y asumiendo la inmensa responsabilidad que nos convoca a hacerlo.

Carlos, con este libro, ha tomado una decisión valiente. Mientras estamos agotados de consumir noticias donde se nos explica por qué la mayoría de la gente será innecesaria en el siglo XXI, *El Antídoto* nos abre una puerta de esperanza.

Al mismo tiempo que nos dicen que todas las actividades automatizables serán automatizadas y que una gran mayoría de empleos serán «tomados por robots», o «devorados por software», en este libro encontrarás que todo es relativo y que el futuro no depende de estos informes sino de ti.

Los expertos están de acuerdo en que los humanos aún superan a las máquinas en inteligencia general, creatividad, conocimiento y comprensión del mundo. La clave del futuro al que nos dirigimos será encontrar la forma en que los seres humanos y las máquinas no confronten, sino que colaboren.

Los expertos, en general, también están de acuerdo en que las máquinas del mañana poseerán algunos de los rasgos que hoy se consideran únicamente humanos.

Es cierto que nuestro trabajo va a cambiar de forma significativa en las próximas dos décadas. Las máquinas no nos jubilarán (automatización total) hasta el año 2140, si es que eso llega a suceder.

Por otro lado, los humanos todavía somos superiores a las máquinas en muchos aspectos. Realizamos tareas, tomamos decisiones y resolvemos problemas basados no solo en nuestra inteligencia, sino también en lo que nos gusta llamar nuestros instintos, nuestro sentido común y, quizás lo más importante, nuestras experiencias de vida. Las máquinas pueden programarse con vastas bibliotecas de información, pero no pueden experimentar la vida como lo hacemos nosotros.

Los seres humanos poseemos rasgos como creatividad, imaginación e inspiración y somos capaces de tener vínculos afectivos con personas, animales y cosas; tenemos la capacidad de amar, sentir, pensar, añorar, agradecer y experimentar ira. Podemos hacer uso de la imaginación y el pensamiento y ser capaces de buscar el sentido propio de la vida de forma individual o colectiva. Podemos desarrollarnos emocionalmente hasta límites desconocidos. Somos un presente lleno de esperanza.

Los avances en la tecnología traerán muchas cosas positivas, pero el trabajo para alcanzar esos hitos es de una gran minoría. La mayoría vivimos en una sociedad del facilismo en la que a la satisfacción se accede con un clic. Todo parece efímero. Parece como que todo dura nada. Y esta comodidad es una trampa.

El primer reto para todos es convencernos de que las cosas van mucho más rápido y que todo está más relacionado entre sí que nunca.

La recomendación de Carlos es ¡abrazar la inquietud! (siempre coincidiré con aquellas personas que abracen), vivimos una de las épocas más interesantes de la historia de la humanidad, un auténtico paraíso para cualquier persona con curiosidad.

A Carlos le gusta pensar que el corazón es la libertad última, porque el ser humano es capaz de comportarse de forma «irracional» justamente por eso, porque en determinadas circunstancias otro cerebro (el del corazón) toma el control. En algún momento, tenemos que regresar a él, al corazón, al epicentro del ser humano, y entender que es nuestra ventaja competitiva más poderosa frente a la máquina. La única sostenible.

A veces lo más valioso es comprar un poco de tiempo. Y desde el vacío es de donde puede surgir la novedad. Crear un vacío para que surja algo nuevo. Vamos a tener que ser más humanos que nunca.

Lo que también está en juego es en qué tipo de sociedad queremos vivir y cómo experimentamos nuestra humanidad.

Hemos avanzado mucho en nuestro desarrollo tecnológico, pero no hemos avanzado tanto en la comprensión de nosotros mismos.

En lugar de obsesionarnos con quién es más inteligente, el ser humano o la máquina, o seguir siendo temerosos de la tecnología, debemos recordar que estamos envenenados. La IA es una más de una lista de tecnologías que han transformado la historia. Todos los avances son capaces de crear o destruir y depende de nosotros qué hacemos con aquello que creamos. Que la inteligencia humana y la artificial tengan la claridad de entender la diferencia. Y además de aplicarnos el antídoto a tiempo, antes que sea demasiado tarde.

La finalidad, o al menos eso es lo que esperamos, es la mejora de lo humano. Una mejora que ni puede ni debe esperar a mañana. La mejora debe comenzar hoy, ya.

Lo fascinante de esta era es que podemos deconstruir y volver a crear una nueva sociedad. Solo desde una conciencia despierta, una reflexión profunda y mucha acción será posible. Es la suma de lo humano y lo tecnológico lo que nos ayudará a conseguirlo. Como comenta Carlos cuando habla de la religión del futuro, necesitamos el vacío y la visión interdependiente para poder volver a llenarnos de un nuevo todo, el nuestro. Despertemos hoy. Mañana es muy tarde.

Ojalá este libro ayude a despertar a muchas personas. Empezando por ti. Ya estás despertando, ¿no? El antídoto ya empieza a hacer efecto… Adelante, continúa leyendo. Recordando que al final del día, si cambias la manera de ver las cosas, las cosas cambian.

Andy Stalman
Autor de *Brand off/on* y *Human off/on*

Introducción
El antídoto, mi estrategia personal para la próxima década

Llevaba un mes persiguiendo a Sergio Bulat, mi editor favorito, para contarle mi nueva idea de libro. Estaba dando vueltas en mi cabeza desde hacía meses y ya no podía aguantar más. Sergio lo intuía (es un tipo listo) y se hacía el escurridizo. Estaría pensando: «Puff! otro nuevo "bestseller" de Carlos Rebate».

Así que le llamé por teléfono, y, tras hacer un repaso a nuestras vacaciones de verano, la conversación discurrió más o menos así:

- «¿En qué estás pensando?» —me preguntó Sergio.
- «Se trata de un libro sobre el futuro del trabajo, una mezcla del mítico juego *Plantas contra Zombies*, las cartas de *Pokemon* y del libro *El arte de la guerra*, con técnicas y consejos que nos ayuden a sobrevivir profesionalmente en un mundo de máquinas, inteligencia artificial y datos. Un *kung-fu* profesional para humanos».
- «Suena interesante, ¿estás con estos temas ahora, no?» —me comentó Sergio, porque hacía casi un año que no charlábamos y yo había cambiado de posición en los últimos meses.

- «Pues justo, sí... estoy creando soluciones en inteligencia artificial que asisten o reemplazan el trabajo que ahora hacen seres humanos...» —le contesté.

- «O sea, estás creando el veneno y con el libro quieres venderles una especie de antídoto, ¿no?» —me respondió mi astuto editor.

- «No lo había pensado, pero visto así...» —¡Para que luego digan que la adicción argentina al psicoanálisis es un viejo estereotipo!

El caso es que no sé si este libro obedece a un subconsciente sentimiento de culpabilidad, o ha nacido de la **absoluta fascinación que siento por este momento singular en la historia de la humanidad**, un nuevo renacimiento desde el punto creativo e intelectual.

Los avances en la tecnología traerán muchas cosas positivas. Nos permitirán detectar y tratar mejor algunas formas de cáncer[1], saber si vamos a padecer Alzheimer cinco años antes de que se manifieste[2], detectar el Parkinson, predecir un terremoto[3], o incluso ver a través de las paredes sin consumir kriptonita[4]. Pero, desafortunadamente, no todo iba a ser un jardín plagado de unicornios danzarines de colores, y no a todo el mundo le va a ir igual de bien.

Sobre este tema existe un discurso caustico generalizado. No sé tú, pero yo estoy harto de consumir noticias-informes-libros-documentales donde se explica **por qué la mayoría de la gente**

1. https://www.upi.com/Artificial-intelligence-detects-often-undetected-cancer-tumors/5591534954250/

2. https://www.moneycontrol.com/news/trends/health-trends/artificial-intelligence-may-predict-alzheimers-five-years-in-advance-3022441.html

3. https://www.nytimes.com/2018/10/26/technology/earthquake-predictions-artificial-intelligence.html

4. https://www.geek.com/tech/artificial-intelligence-can-sense-humans-through-walls-1743205/

será innecesaria en el siglo XXI, y cómo los robots usurparán nuestro puesto de trabajo, sin que se te ofrezca la más mínima pista de qué hacer ante esta situación.

A los medios les encanta vendernos futuros distópicos gobernados por robots e inteligencias artificiales fuera de control, pero arrojan muy poca luz sobre **qué debería hacer el ser humano para desenvolverse en este nuevo territorio.** Un territorio en el que las máquinas ocuparán un lugar cada vez más relevante en nuestra sociedad, desplazando al ser humano de feudos que hasta hoy parecían inexpugnables.

El Instituto para el Futuro de la Vida[5], en el que participan grandes gurús de la industria y de las ciencias, como Elon Musk, Nick Bostrom (Oxford), Erik Brynjolfsson (MIT), George Church (Harvard), o el difunto Stephen Hawking (entre otros), considera a la IA (Inteligencia Artificial) como uno de los principales riesgos existenciales para el ser humano, equiparándola al cambio climático, las armas nucleares o la biotecnología. En lo que se refiere al mercado laboral, la opinión sobre el número de personas a las que no les va a ir bien depende de a quién le preguntes, porque no solo se trata de un nuevo renacimiento a la italiana, sino también de una revolución industrial a la inglesa.

Existe un intenso debate, que ha saltado desde su espacio natural —la industria, la academia y las fuentes de analistas (Gartner, IDC, Forrester, HfS, etc.)— a los medios de comunicación de masas. Por eso en alguna ocasión he dicho que la inteligencia artificial es el «nuevo fútbol».

Los que abrieron la caja de Pandora sobre el impacto de las máquinas[6] en el futuro del trabajo fueron Carl Benedikt Frey y

---

5. https://futureoflife.org/

6. 2ª revolución de la máquina. La revolución industrial impactó en las actividades manuales y esta nueva revolución en las intelectuales o de conocimiento.

Michael A. Osborne, de la Universidad de Oxford, que publicaron un conocido artículo[7] en 2013, en el que predecían que el 47% del trabajo (no de las profesiones) que ahora conocemos desaparecería. Recientemente actualizaron sus conclusiones en un nuevo estudio (más positivo) titulado «El futuro de las habilidades: el empleo en 2030[8]» en el que concluyen que 1 de cada 5 profesionales realiza trabajos que se contraerán, 1 de cada 10 trabajos crecerán, y 7 de cada 10 se encontrarán en una situación de gran incertidumbre acerca de su futuro. Alentador para los amantes de la estabilidad.

Los más listos de la clase, los chicos de McKinsey, en 2017, tras analizar 800 empleos, concluyeron que aproximadamente el 60% de los trabajos tienen al menos un 30% de actividades automatizables, y la mitad de ellas podrían ser automatizadas para 2055[9]. Para curarse en salud apostillaron que esto podría suceder 20 años antes o después, dependiendo de diferentes factores y condiciones económicas (así también hago predicciones yo ☺).

La consultora PwC, en 2017, pronosticó que en 2030 el 38% de los empleos serán «tomados por robots»[10], y directivos del gigante indio Cognizant, también en 2017, que el 12% de los trabajos existentes serán «devorados por software»[11].

En un informe reciente, la Organización para la Cooperación y el Desarrollo Económicos (OCDE) concluye que el 14%

---

7. «The future of employment: how susceptible are jobs to computerisation?» https://www.oxfordmartin.ox.ac.uk/publications/view/1314

8. https://futureskills.pearson.com/

9. https://www.mckinsey.com/business-functions/digital-mckinsey/our-insights/where-machines-could-replace-humans-and-where-they-cant-yet

10. https://www.rawstory.com/2017/03/robots-could-take-over-38-percent-of-us-jobs-within-about-15-years-report-says/

11. https://www.forbes.com/sites/brucerogers/2017/04/06/what-to-do-when-machines-do-everything/#3d6738aa7561

de los trabajos en países OECD (36 países, entre ellos España) son altamente automatizables (más de un 70% de su contenido) y un 32% experimentarán un cambio significativo (entre el 50-70%). Como corolario, recogen que **1 de cada 7 trabajos será destruido por la automatización y otros muchos cambiarán de forma significativa.**

Por contra, hay otros que piensan (350 expertos en IA) que las máquinas no nos jubilarán (automatización total) hasta el año 2140^{12}, aunque antes ya traduzcan mejor que los humanos (2024), conduzcan vehículos (2027) o sean avezadas dependientes en las tiendas (2031). Entre tantas predicciones hay algo que a mí me queda claro. Da igual si es el 47% del trabajo, el 45%, o el 14% del 70% más el 35% del 50%. **Nuestro trabajo va a cambiar de forma significativa en las próximas dos décadas.**

La mayoría de los trabajadores del conocimiento se verán amenazados por esta nueva revolución industrial, se crearán trabajos que hoy no imaginamos, y una parte significativa del contenido de lo que hacemos desaparecerá, lo haremos con la ayuda de una máquina (inteligencia artificial, robots, software), o lo hará una máquina sin nuestra ayuda.

La idea generalizada es que el ritmo de destrucción de empleo será superior al ritmo de creación, y que la intersección entre los profesionales que perderán su empleo y los profesionales que necesitará la industria será pequeña.

Brynjolfsson y McAfee, del MIT, lo denominan «el gran desacoplamiento». Durante décadas se ha observado una fuerte correlación entre empleo privado y Producto Interior Bruto, ambas líneas van prácticamente unidas hasta la primera década de este siglo, donde comienzan a abrirse, como la boca de una serpiente,

---

12. https://elpais.com/elpais/2017/07/12/ciencia/1499871509_795828.html

y se empieza a producir más riqueza con menos personas. Eso significa que está en nuestras manos que nos sobren personas o que nos sobre riqueza.

Pero, por ejemplo, el otro día leí una noticia en la que un banco anunciaba una reducción de tres mil profesionales de su departamento jurídico por un sistema que incorporaba inteligencia artificial. La función de estos tres mil empleados era redactar cartas en respuesta a reclamaciones de clientes minoristas. Aunque fuentes del banco afirmaban que los abogados no serían despedidos siempre y cuando aceptaran ser reubicados... ¿te lo crees?, ¿crees que es fácil reubicar a tres mil personas que responden cartas?

Mientras escribo estas líneas se están publicando cientos de artículos y varios libros en los que te explican por qué puedes darte por jodido profesionalmente, y cómo, la inteligencia artificial y la computación cuántica están yendo a una velocidad tal que no vas ni a enterarte, y que, el día que menos te lo esperes, tal vez mañana, te despedirá un robot.

Yo he tratado de hacer algo distinto.

Tras aquella conversación con Sergio no pude dejar de pensar en la idea de **crear un** «antídoto», **algo que sirva para saber qué hacer, descubrir cómo combatir en este nuevo terreno, cómo diferenciarse en un mundo de máquinas,** y, como todos mis libros, éste también lo he escrito para mí. Lo que te cuento en él es lo que pienso hacer yo. Es mi estrategia personal contada en voz alta o en conversaciones con amigos. **Si tú también estás agotado de futuros distópicos y discursos pesimistas, ¡este es tu libro!**

A lo largo de estas páginas compartiré contigo **12 técnicas de supervivencia que te ayudarán a garantizar tu futuro laboral.** A cada una de ellas le dediqué un capítulo, una carta de personaje, creada por el gran Santy Gutiérrez[13], y entrevistas con expertos

---

13. Y con el sabio asesoramiento de mi hijo Lucas (7 años) ☺.

reconocidos en cada temática. Como el futuro es un lugar en la imaginación y siempre es controvertido, no tienes por qué estar de acuerdo con todas las opiniones que compartamos aquí, pero participar en nuestra conversación te ayudará a formarte un criterio mucho más completo (¡eso espero!).

No he podido esperar a la sección de agradecimientos para dar las gracias y decirte que me siento muy afortunado por haber tenido la suerte de aprender de 15 personas maravillosas: Dean Romero, Javier Sirvent, Fernando Font, Meirav Kampeas, Cipri Quintas, Mavi Sánchez Vives, Nacho Villoch, Paco Bree, Francesc Miralles, David Vivancos, Alfredo Rivela, Bernardo Hernández, José Manuel Gil, Maite Román y Gerardo Iván Tuduri. También ha sido un lujazo contar con Raquel Roca y Andy Stalman para el prólogo. A todos ellos ¡GRACIAS de corazón!

Si quieres competir con las máquinas en el futuro del trabajo, estás de enhorabuena, ¡aquí tienes tu antídoto!

1

Combate la Singularidad con «singularidad»

«Aférrate a aquello que te hace diferente.»

Dumbo

Por si no has oído hablar de ella, la Singularidad Tecnológica hace referencia a un momento «singular» en el tiempo, como consecuencia del crecimiento exponencial de la tecnología, a partir del cual el futuro será difícilmente predecible.

En matemáticas y física, el término «singularidad» se usa para referirse a ciertas funciones que presentan comportamientos inesperados, y Wikipedia (mi fuente básica de conocimiento) define la Singularidad Tecnológica como «un hipotético punto a partir del cual una civilización tecnológica sufriría una aceleración del progreso técnico (una explosión de inteligencia artificial fuera de control) que provocaría la incapacidad de predecir sus consecuencias».

En este hipotético punto en el tiempo, se cruzará la evolución de la inteligencia humana con el crecimiento exponencial de la inteligencia artificial, y el ser humano tendrá que decidir si aumenta sus capacidades y se convierte en una suerte de «centauro» (le dedicaremos un capítulo completo), con cabeza humana y cuerpo de máquina (o viceversa), o si continua usando solo capacidades tradicionalmente humanas.

Ray Kurzweil, uno de los defensores más destacados de la Singularidad, sitúa este momento singular en el tiempo en el año 2045. A muchas personas les escandaliza esta afirmación. Y yo lo entiendo.

Hay una razón muy sencilla por la que es normal que pienses que es un delirio de gurú, y es la misma por la que el rey Sheram pensó que la recompensa exigida por Sissa, inventor del ajedrez, era indigna de su generosidad.

Cuenta la leyenda, que el rey Sheram estaba profundamente abatido por la muerte de su hijo en el campo de batalla. Solo le sacó de su tristeza la llegada a su reino de un misterioso joven, Sissa, con un juego desconocido hasta entonces, el ajedrez.

Como agradecimiento por su descubrimiento, el rey ofreció a Sissa la recompensa que él deseara. Su petición fue desconcertante. Solicitó que le entregaran un grano de trigo por la primera casilla del tablero, el doble por la segunda, el doble por la tercera, y así sucesivamente, doblando la cantidad de granos de la casilla precedente, hasta llegar a la última casilla del tablero, la 64.

Lo que en un principio enfureció a Sheram, por considerarlo un desprecio a su generosidad, se transformó, tras interminables días de cálculo de los matemáticos de su corte, en una recompensa imposible de satisfacer.

La suma total equivalía a una cantidad de trigo superior a la de todas las cosechas mundiales durante más de un milenio. ¡Solo la última casilla ascendía a más de nueve trillones de granos de trigo!

¿Por qué te cuento esto?

Porque la ley de Moore, formulada por Gordon E. Moore en 1965, sostiene que el número de transistores que caben en un microprocesador se duplica cada 24 meses. Un comportamiento que se ha venido observando desde la formulación de la ley hasta hoy. En definitiva, la capacidad de cálculo de los ordenadores sigue una progresión parecida a la de los granos de trigo del ingenioso Sissa.

Por eso **nos cuesta lo mismo pensar que en 2045 existirá una máquina con una inteligencia equivalente a la de toda la humanidad** (fruto de una capacidad de cálculo que se duplica cada 24 meses), **que pensar que un grano de trigo se convertirá en nueve trillones tras duplicarse 64 veces.**

Esto sucede porque no estamos acostumbrados a pensar en exponencial (le dedicaremos otro capítulo entero), y mucho menos yo, que se me atragantó el cálculo en la universidad. Somos más bien lineales.

Yo pienso que este crecimiento exponencial de la tecnología es inexorable, y que la Singularidad Tecnológica llegará. No sé si en 2045 o más cerca de finales de este siglo, pero llegará. Según Ray, la ley de Moore de los circuitos integrados se trata del 5° paradigma, al que antecedieron las máquinas mecánicas de principios del siglo XX (1er paradigma), las basadas en relés (2°), las válvulas de vacío (3°) y, por último, los transistores (4°).

Cuando un paradigma se agota, uno nuevo lo reemplaza. En su evento anual de 2018, el presidente general de Nvidia, Jensen Huang, señaló que «existe una nueva y poderosa tecnología [...] que promete batir las barreras y limitaciones técnicas de las actuales arquitecturas, incluso que tiene el potencial de jubilar a la ley de Moore y convertirse en el nuevo paradigma de diseño electrónico»[14]. El 6° paradigma que preserve el crecimiento exponencial está en camino, y según la fuente de analistas Market

---

14. https://www.electronicosonline.com/paradigma-que-sustituira-a-la-ley-de-moore-se-originara-de-nvidia/

Research Future, el mercado de la computación cuántica alcanzará en 2022 la cifra de 2,5 B$[15].

Y bien... ¿cómo combatir la Singularidad Tecnológica?
Muy sencillo, ¡siendo singular! (genuino, especial,
centrado en un nicho).

La IA hará más poderosos a los poderosos, que disfrutarán de las ventajas tradicionales de ser poderosos (capacidad financiera, acceso a mercados, poder de compra, etc.), a las que sumarán las derivadas del uso inteligente de sus datos para mejorar sus procesos y adecuar su oferta.

Suena contraintuitivo, pero pienso que la amenaza de la IA no será para los pequeños comerciantes (sean analógicos o digitales) sino para los medianos y grandes, que tendrán que competir en digitalización de procesos e inteligencia con los gigantes, sin la flexibilidad de los pequeños.

Los gigantes (poderosos) solo podrán ser frenados mediante la regulación, políticas proteccionistas o impositivas (impuestos inventados ad hoc, como la «tasa Google») o condenas por prácticas monopolísticas.

Por ponerte un ejemplo, Amazon, como estereotipo de gigante que nació de una librería digital, no debería ser una amenaza para la tienda de libros de la esquina siempre que ésta sea «singular».

¿Qué significa ser «singular»? **Significa aportar un valor especial y genuino a un público objetivo que no necesariamente tiene por qué ser grande.** Como explicábamos en nuestro libro

---

15. https://www.marketwatch.com/press-release/quantum-computing-market-2018-global-trends-size-segments-emerging-technologies-and-industry-growth-by-forecast-to-2022-2018-08-27

Influencers[16], en la mayoría de los negocios solo necesitas 1.000 fans verdaderos (y en muchos casos basta con menos) para garantizar tu sostenibilidad. 1.000 personas que valoren tu pasión contagiosa por los libros (en este ejemplo) y por prestarles un servicio «galáctico».

En cambio, si la tienda de la esquina se limita a vender libros (a despachar), entonces desaparecerá. No podrá competir en precio, ni en stock, ni en servicios.

Pero si ofrecen un trato memorable, recomiendan libros desde la pasión por la lectura, crean productos derivados (talleres y cursos de escritura creativa, clubs de lectura, presentaciones, etc.), o se centran en un nicho (aventura, viajes, manga, comics, infantil, narrativa, etc.) o subnicho, a sus clientes no les importará pagar algo más, porque apreciarán el valor. Solo algún comprador mezquino aislado irá a que le recomiendes un libro y lo comprará después en Amazon.

Siguiendo con este ejemplo en particular, se podría construir una librería digital sobre Amazon, usando su programa de afiliados, sin ninguna inversión, y aportar servicios adicionales a la venta de libros generando ingresos de las comisiones y de los servicios adicionales. Para los pequeños, no solo no es una amenaza, sino que puede convertirse en una oportunidad.

Con ser singular me refiero a crear una propuesta de valor «singularmente humana», buscando no competir en el terreno de la máquina (veremos cuál es ese terreno más adelante), y «singularmente propia» (personal, íntima, intransferible).

Lo singular también tiene que ver con buscar la «antimasa crítica». Salvo excepciones, los negocios de masa crítica (segmentos grandes de clientes) ya estarán cogidos por los gigantes.

---

16. C. Rebate, *Influencers*. Todo lo que necesitas saber sobre influencia digital, Ediciones Urano, Barcelona, 2017.

A ti te toca buscar algo interesante en la larga cola de negocios sin masa crítica.

> *Si eres pequeño y no eres especial ni estás centrado en un nicho, probablemente desaparecerás. Así que graba esta palabra a fuego en tu mente como si fuera un mantra: «SINGULAR». Necesitas ser «singular».*

Aprender de Dean Romero

Para aprender a ser «singular» he recurrido a Dean Romero[17], un experto en encontrar «singularidades» (nichos) y uno de los especialistas SEO[18] más reconocidos del mundo hispano.

---

17. https://blogger3cero.com/sobre-mi/

18. El posicionamiento en buscadores, optimización en motores de búsqueda o SEO (del inglés, Search Engine Optimization) es un conjunto de acciones orientadas a mejorar el posicionamiento de un sitio web en la lista de resultados de Google, Bing, u otros buscadores de internet (Fuente: Wikipedia).

C.R.: Dean, pensé que una manera sensacional para ayudar a nuestros lectores a encontrar una «posición singular» sería preguntarle a un especialista SEO, a alguien como tú, que vive justo de eso, de descubrir y explotar nichos. Por eso pensé en ti, te había escuchado en algunas entrevistas y sentía una curiosidad enorme. ¿Cómo llegaste al SEO y a los nichos?

D.R.: Lo descubrí en la universidad. Era algo muy diferente a lo que estaba acostumbrado a ver en aquella época, en la que mi plan era terminar empresariales y ponerme a trabajar. De repente Internet apareció delante de mí, por casualidad, y lo primero que me llamó la atención, antes de pensar en el modelo de negocio, fueron las características del trabajo, una forma de ganarse la vida totalmente distinta, desconocida para mucha gente que vive en el mundo 1.0. Se me abrió una puerta y fui descubriendo que no era solo un trabajo, una alternativa más, sino que había todo un mundo subyacente debajo, un mundo paralelo, con sus galaxias, sus planetas y sus habitantes. La competitividad para mí cobró un nuevo sentido, así como la motivación. Descubrir a gente que era muy buena en lo que hacía, imperios de tráfico, donde ser bueno tenía un valor real más allá de generar ingresos.

C.R.: Ser bueno en algo pequeño.

D.R.: Sí, en mi caso ser bueno en la rama de la disciplina del SEO, que me impactó cuando la conocí. Aprender a mover tráfico y con esto generar ingresos. Es algo que la gente en aquel momento no conocía y descubrí que era una forma de ganarme la vida. Me especialicé en crear páginas de micronicho y en cómo mover tráfico hacia ellas. Dentro de la disciplina SEO descubres que hay gente increíblemente buena y dentro de cada nicho también, creando contenido dentro de cada temática. Es muy vertical, te das cuenta de que puedes despuntar de forma ilimitada dentro de cada nicho. Gente joven que está en su casa, con su ordenador, ganando diez o veinte mil euros al mes.

C.R.: ¿Algún ejemplo de micronicho concreto?

D.R.: Tengo muchos, la mayoría de ellos con socios, por lo que no puedo desvelarlos. Por ponerte un par de ejemplos personales, mantengo un micronicho de bodas[19], que tiene una media de 5.000 visitas al día y genera 1.000 euros al mes con publicidad de Adsense, y otro de nombres y curiosidades[20], con un tráfico de 10.000 visitas diarias y con ingresos de 500 euros al mes.

Yo distinguiría entre dos tipos de nicho, los que nos dedicamos al SEO en nichos de cualquier temática, construyendo páginas para generar ingresos pasivos, y luego está lo que también son nichos sobre un tema concreto pero centrado en tu rama de genialidad, tu pasión personal.

C.R.: A los primeros son a los que yo llamo «infoactivos» (activos de información), pero son los últimos los que más nos interesan en este libro, buscar la genialidad en tu pasión y crear un nicho profesional para uno mismo. El primero es como un trabajo, a lo mejor no te gustan los *ebook readers* o los monopatines, pero generas ingresos pasivos con una página comparativa entre modelos. Y, aunque la temática no te interese, ves potencial para generar ingresos por el interés creciente que detectas en el aumento en las búsquedas de algunas palabras clave.

---

19. https://lasbodasoriginales.com/
20. https://significadodenombres.com.es/

D.R.: Sobre los primeros, aunque no nos guste la temática de forma necesaria (a veces sí, pero no siempre), lo que sí nos apasiona es el trabajo, ver cómo subimos las visitas y cómo mucha gente comienza a generar ingresos. Es un concepto que se maneja mucho en SEO, la capacidad de mover tráfico de forma orgánica a través de Google. Es un trabajo en sí mismo centrado en monetizar nichos. Lo hacemos con la única misión de generar ingresos, disfrutamos de la creación pero no conectamos emocionalmente con la temática.

Y luego, sobre el segundo caso, buscar un nicho que te guste, te pongo un ejemplo personal, Blogger 3.0[21], que es mi blog, mi zona de genialidad por así decirlo, donde comparto aquello en lo que creo, y donde amo totalmente cada cosa que hago.

Yo creo que todo el mundo tiene una zona de genialidad, algo que conecta con él. El problema es que mucha gente no la encuentra nunca a lo largo de su vida y cree que no la tiene. Pero a todos nos gustan cosas distintas y todos somos un poquito mejores que otros en algo. Es una especie de búsqueda personal, de introspección.

C.R.: Sí, de hecho escribí un libro solo para eso, para ayudar al descubrimiento de un proyecto personal que dé sentido a tu vida. En tu caso tuviste suerte encontrándolo pronto, hay mucha gente que no lo encuentra nunca.

D.R.: Sí, es cierto. Pienso que Internet me encontró a mí. Es muy genuino, porque cuando lo encuentras lo sabes, tu corazón lo sabe. En mi caso, cuando descubrí el SEO no tuve ninguna duda. Yo no era un estudiante especialmente bueno, pero esos días sacaba el móvil y grababa las clases para escucharlas en casa otra vez.

---

21. https://blogger3cero.com/

C.R.: Me recuerda la charla TED de Rodney Mullen[22] (una de mis favoritas) cuando cuenta cómo, cuando era un niño, vio en una revista fotos de personas patinando y descubrió a qué quería dedicarse toda su vida. ¿Cómo ayudamos al lector a encontrar su nicho personal si toda su vida ha pensado en un perfil generalista (esa intersección entre sus pasiones a partir de la cual definir su profesión)?

D.R.: Pues está muy bien tirado, ¿eh?, porque es la pregunta del millón. En muchos casos que conozco, la motivación para abrir lo que llamo «las puertas de Sión», la puerta secreta de Internet, es ver a personas que lo han hecho y han tenido éxito. Comprobar que existe y que tú también puedes hacerlo.

C.R.: Encontrar inspiración en otros que hayan recorrido el camino.

D.R.: Exacto. Pero si no estás en ese mundo, es un poco aleatorio, es un encuentro casual. Buscar de forma proactiva tu pasión es otro nivel. Creo que debe nacer de la introspección. Aquí me es difícil ser más específico porque yo tuve la gran suerte de que Internet me encontró a mí, y, desde ese día, no he hecho otra cosa, literalmente. No he trabajado para nadie, he estado muy centrado, y esto fue ya hace seis años, y no he parado. Pero creo que puede partir de una introspección personal, de adquirir la consciencia de que quieres hacer algo que a ti te guste, que salga de lo más genuino de ti, y encontrar el valor para renunciar a la otra vía, a tener un trabajo normal, a esa falsa realidad que se nos ha inculcado desde pequeños.

---

22. https://www.ted.com/talks/rodney_mullen_pop_an_ollie_and_innovate

C.R.: Me gusta hablar de «profesiones con dos apellidos»[23]. Buscar en las intersecciones entre tus pasiones para desarrollar una posición única.

D.R.: Y generar ingresos ¿no?

C.R.: Exacto. Tienes que amarlo, hacerlo bien, que exista una necesidad y una predisposición a pagar a cambio de ella.

D.R.: Una recomendación que te puedo dar a nivel SEO es buscar (por ejemplo en Google Trends) si existe interés en los conceptos de las intersecciones que comentas. Puede ser un interés cíclico, creciente, o solo un volumen determinado de tráfico. Si usamos herramientas y descubrimos que nadie lo busca, suele ser sinónimo de que no hay interés. Usar herramientas como SEMRush[24] o KeyWord.io[25], con las que trabajo en mí día a día, puede ser un primer filtro para validar que aquello en lo que quieres explorar tu singularidad es demandado por otras personas a través de sus búsquedas; lo que comentabas de las intersecciones, buscar algo que te guste y a la vez que otras personas quieran consumir. La formación y el coaching suele ser un cajón donde entran muchos negocios muy diferentes.

C.R.: ¿Y por dónde empiezas a trabajar en un nicho?

D.R.: Es una buena pregunta. Te puedo hablar de mi experiencia, parte de la autoconfianza en lo que vas a hacer, de hasta cuánto a ti te gusta algo para creer que: uno, no vas a desistir, vas a ha-

---

23. Lo aprendí de Natalia Gómez del Pozuelo.
24. https://www.semrush.com/
25. https://www.keyword.io/

cerlo durante años y eso te va a permitir como poco la oportunidad de tener visibilidad, y dos, cuánto de bueno crees que vas a conseguir ser. Cuando empecé con mi blog ya había otros especialistas establecidos, dando mucha guerra, que tenían acaparada la visibilidad y que ahora son amigos míos. Yo confiaba en que lo que podía hacer era muy bueno.

Dentro de eso, de la confianza en tus facultades, tienes que buscar lo que te diferencia, pero al final lo que más te diferencia es tú mismo, porque nadie es exactamente igual que tú. En mi caso no construí ningún personaje, simplemente fui yo y traté de imprimir cómo soy en todo. Esto me lo tomo muy en serio, he hecho amigos, socios, solo me falta contraer matrimonio con alguna lectora. Mantengo interacciones muy potentes con mi público porque soy así, una persona muy de contacto, de abrazo. Ser constante, esforzarse, ser genuino y hacerlo bien.

C.R.: Persistente.

D.R.: Sí, eso es lo más básico. He conocido a gente que empezaba con fuegos artificiales porque tenían recursos y acceso a nichos de mucho éxito y a los seis meses dejaron de publicar y ya nadie se acuerda de ellos. Todo el mundo sabe que es importante, pero poca gente lo aplica de verdad. Yo llevo casi seis años publicando todas las semanas sin faltar ni una sola.

C.R.: ¿Cómo le enseñas a alguien que lleva en una «profesión normal» durante veinte años que tiene que buscar su nicho de genialidad?

D.R.: Tiene que conseguir verse como alguien que puede expresar algo más. Primero está el cambio de *mindset*, *hackear* su propia mentalidad.

C.R.: Sí, va justo de eso, de *hackear* tu propia mentalidad, pero yo creo que para eso es importarte mostrarles casos.

D.R.: Si no sale solo de ti, porque no conoces todavía esa realidad, que veas a otras personas hacerlo supone un gran empujón. Por ejemplo en el mundo de las finanzas se me ocurre Josef Ajram. Imagino que también ayuda buscar, dentro de lo que tú haces, esos mentores digitales, otras personas que te puedan inspirar.

C.R.: Ajram es a su vez un «modelo intersección» entre bróker y ultradeportista, y en esa intersección llena de tatuajes ha creado su propia marca. ¿Algunos ejemplos en otros segmentos fuera del marketing?

D.R.: En todo el ámbito de coaching y autoayuda hay muchísimo tráfico, conozco a SEOs que montan nichos de gente que no tiene marca personal, simplemente son *«keywords* blancas» del tipo «cómo superar tal o cual situación». Si una persona va con su marca personal fruto de años de experiencia y a esto se le suma un buen trabajo SEO, de posicionamiento y movimiento de tráfico, el resultado es diferencial. El coaching, la psicología, la ayuda personal, creo que son parcelas bastante fértiles. Hay algo que también está funcionando muy bien y es el tema de las mentorías, el mercado está creciendo monstruosamente. Tú tienes éxito en algo concreto y le dedicas tiempo a enseñar a otras personas. Por ejemplo, uno de mis mejores amigos, Alex Novas, empezó a dedicarse al micronicho de las automatizaciones de los embudos de ventas con aplicaciones del tipo Active Campaign, que a su vez es un nicho dentro del e-mail marketing, que es un nicho del marketing. Eso le permitió un posicionamiento relámpago porque no había mucha gente que lo hiciera y era algo que los que nos dedicábamos a crear blogs necesitábamos. Empezó a hacer publicaciones, eventos, ponencias, y ahora lo que vende son mentorías. Está muy de moda vender mentorías por diez mil, veinte mil euros. Él ha llegado a vender tickets individuales de treinta y hasta cincuenta mil euros por persona por un año de trabajo. Imagínate juntar cinco. Además este caso lo conozco bien porque es amigo mío y lo he visto muy de cerca. Este caso es transversal, aplica a cualquier sector profesional, yo estoy encontrando mucho potencial en este tema y a mí también me está funcionando muy bien.

C.R.: Esto es muy interesante para nuestros lectores, en la mayoría de los casos profesionales del mundo de la empresa con mucha experiencia en una o varias disciplinas (finanzas, tecnología, recursos humanos, operaciones, marketing, etc.). La posibilidad de diseñar una 2ª o 3ª carrera profesional enseñando lo que saben, en un formato mucho más «knowmada[26]», y convertirse en mentores de otras personas/empresas.

D.R.: Exacto. Las mentorías abren la posibilidad a tener acceso directo a la mente de otra persona. Otra persona que ha recorrido el mismo camino que tú quieres recorrer y que puede enseñarte a hacerlo más rápido y con menos errores que si lo intentaras tú solo.

C.R.: Y... ¿cómo lo haces?

D.R.: Yendo a cosas prácticas, tienes que crear tu propio *site* (si no lo tienes), con entrevistas en medios, contenido de valor, incluso trabajar gratis para otros con el objetivo de ganar visibilidad y

---

26. Nómada del conocimiento *(Know + nómada).*

referencias. Aunque seas pequeño, un «insecto digital», es importante proyectarte como lo que quieres ser. Pensar a lo grande.

También es interesante fijarte en otras personas que estén haciendo lo mismo que tú, con una propuesta de valor similar, pero en un estadio de madurez superior. Buscar «personas faro», personas que te inspiren, a las que te gustaría parecerte, y aprender de ellos.

C.R.: ¡Eso haremos! ¡Gracias Dean!

¿Cómo desarrollar tu propia «singularidad»?

Y te preguntarás: «¿y ahora qué?». Ya hemos visto qué es la Singularidad Tecnológica y también a qué nos referimos con ser «singular». No sería un problema si desde pequeños nos enseñaran a descubrir y a darle un valor a nuestra propia singularidad. Pero no es así, sino todo lo contrario. En el cole no nos enseñan a ser singulares, nos educan en la homogeneidad, mismos contenidos, mismos exámenes, mismos patrones de conducta, etc.

Este es mi cuarto intento de abordar la búsqueda de la singularidad.

El primero fue desde la creatividad[27], explotando el poder de la combinación a través de la asociación entre lugares físicos y lugares mentales (arte de la memoria). Buscaba construir un ADN creativo propio, resultado de combinar un conjunto de símbolos a través de unas ruedas concéntricas. Pero casi nadie lo entendió ☺.

El segundo fue desde el emprendimiento, con una versión simplificada de la anterior y más orientada a la acción. Lo llamé

---

27. https://carlosrebate.com/libro/las-ruedas-magicas-la-creatividad/

«Tu empresa secreta» porque tenía como propósito descubrir un proyecto personal que llene tu vida de sentido. Se convirtió en un libro, *Tu empresa secreta*[28] y ahora también en una «universidad para soñadores»[29]. Si me deja mi editor, al final del libro te resumo mi «teoría del pentágono» en un *bonus track*.

El tercero fue desde la influencia digital, en nuestro libro *Influencers*[30], donde desarrollamos la teoría de los «1.000 fans verdaderos» que te comentaba antes, la búsqueda de profesiones con dos apellidos y la «hiperespecialización polímata», a la que dedicaremos un capítulo completo más adelante.

Y este es el cuarto intento, que es un paso más sobre el anterior.

La buena o mala noticia, según se mire, es que tienes que ejercitar la creatividad, orientarte a la acción y desarrollar nociones de marketing y SEO. No necesitas ser un experto en todo lo anterior, pero sí desarrollar unas competencias básicas.

En última instancia, todo está al servicio de descubrir la razón por la que levantarte cada mañana, lo que los japoneses llaman «ikigai», que es la intersección donde converge tu pasión, tu misión, tu profesión y tu vocación. No te preocupes, también le dedicaremos un capítulo más adelante.

Yo de momento empezaría profundizando en tu autenticidad a través de las intersecciones entre aquellas cosas que amas y que haces bien, para encontrar distintas combinaciones de «profesiones con dos apellidos». Dicha profesión te la dará tu especialidad (formación y/o experiencia) más la intersección con otras facetas-pasiones de tu vida. Aquí van algunos ejemplos:

---

28. https://carlosrebate.com/libro/tu-empresa-secreta/

29. https://tuempresasecreta.com/

30. https://carlosrebate.com/libro/influencers/

Profesión con 1 apellido	Profesión con 2 apellidos
Periodista	Periodista especializado en Oriente Medio.
Abogado	Abogado especializado en Propiedad Intelectual y Patentes.
Ingeniero Industrial	Ingeniero Industrial especializado en automatización con Robotic Process Automation.
Ingeniero Informático	Ingeniero Informático especializado en tecnología para la transformación digital de despachos de abogados.
Economista	Economista especializado en financiación de startups, procesos de crowdfunding y gestión de ayudas.
Filósofo	Filósofo especializado en procesos de transformación cultural en grandes compañías derivadas de la sociedad/vida líquida, la digitalización y la fusión de generaciones (X, Y, Z).
Biólogo	Biólogo especializado en Ciberseguridad y en los paralelismos entre el mundo biológico y tecnológico.
Matemático	Matemático especializado en análisis predictivo y en procesos de regresión y análisis de datos.
Profesional de Marketing	Profesional de Marketing especializado en gestión de campañas con Influencers.
Técnico de selección	Técnico de selección especializado en profesiones científicas.
Arquitecto	Arquitecto especializado en el diseño de espacios que promueven la creatividad en el trabajo.
Coach	Coach especializado en HeartMath (Coherencia Cardiaca).

Para validar si existe un interés por esa intersección en la que quieres desarrollar tu singularidad puedes empezar haciendo estas dos cosas:

- Buscar tráfico diario en algunas palabras clave relacionadas con tu singularidad. Puedes usar la aplicación *Keyword Planner*[31] de Google. Por ejemplo el concepto «Heart Math», de la última profesión con dos apellidos de la tabla, tiene 22.200 búsquedas diarias. A partir de 100 búsquedas diarias podrías encontrar una oportunidad en tu nicho.

- Identificar personas/compañías con las que compites en tu singularidad, o, como decía Dean, en tu área de genialidad. Estudiar su propuesta de valor, servicios y modelo de negocio.

Si identificas tu profesión con dos apellidos (o, lo que es lo mismo, tu zona de genialidad) y validas mínimamente su potencial para generar un mínimo de ingresos que garanticen tu estilo de vida, ¡es más que suficiente para comenzar!

Y no lo olvides, **la singularidad se combate siendo «singular».** Ya lo dice Guy Kawasaki: «**Al final, o eres diferente... o eres barato**». En este caso es un poco más dramático: o **eres diferente... o correrás un serio riesgo de desaparecer** víctima de la automatización.

---

31. https://ads.google.com/intl/es_es/home/tools/keyword-planner/

Carta de personaje:
«Singularidad»

SUPERPODERES	
Defensivos:	**Ofensivos:**

• **Brillo cegador**. Capacidad para brillar y diferenciarse en la homogeneidad.	• **Chispa estelar**. Olfato especial para la búsqueda de:
	  • Propuestas de valor singularmente humanas y singularmente propias.
	  • Negocios antimasa crítica, con el tamaño mínimo viable como para sostener tu estilo de vida.

2

El gato de Schrödinger acude en tu ayuda

«Hay una grieta en todo, así es como entra la luz.»

LEONARD COHEN

Erwin Schrödinger, premio Nobel de Física en 1933, imaginó un experimento cuántico con un gato. El experimento imaginado (Schrödinger, que yo sepa, no mató a ningún gato) consistía en meter al gato en una caja cerrada, junto con un frasco de gas tóxico, un trozo de uranio y un contador Geiger[32] amarrado a un martillo suspendido encima del frasco de gas.

Durante el experimento, el uranio radiactivo podría emitir una partícula (o no). Si la partícula es liberada, el contador Geiger la detectará y enviará una señal a un mecanismo que controla el martillo, que golpeará el frasco y liberará el gas matando al gato. Si la partícula no es liberada, el gato vivirá.

---

32. Un contador Geiger es un instrumento que permite medir la radiactividad de un objeto o lugar.

GATO de
SCHRÖDINGER

Schrödinger se preguntó: ¿Qué podría saberse del gato, antes de abrir la caja?

Si no existiera la mecánica cuántica, la respuesta sería simple: El gato estaría vivo, o muerto, dependiendo de si la partícula fue o no detectada por el contador Geiger. Pero en el mundo cuántico las cosas no son tan simples. La partícula y el gato forman ahora un sistema cuántico que consiste en todos los resultados posibles del experimento. Un resultado incluye un gato muerto y otro uno vivo. Ninguno se vuelve real hasta que alguien abre la caja y mira adentro.

La partícula radiactiva, el gato y el observador (nosotros al abrir la caja) interactúan cuánticamente formando un todo, y, como resultado de esa interacción, el gato vive o muere.

¿Por qué te cuento esto? Porque el futuro, como el gato de Schrödinger, también cambia por el simple hecho de que lo observamos. Cuando imaginamos el futuro inevitablemente lo cambiamos, porque nuestra actitud y nuestras acciones como respuesta a lo que pensamos que ocurrirá también cambian. Por ejemplo, el X% de las empresas puede que incrementen sus presupuestos en «Y» (cualquier macrotendencia, véase IA, BlockChain, Robotics, etc.), porque: a) les hace falta, b) creen que les hace falta, o, c) alguien (cualquier fuente de analistas) les ha dicho que les hace falta. Y las acciones, como respuesta a esa creencia, real o infundada, cambian lo que sucederá.

Esto introduce un «factor de incertidumbre» como el enunciado por Heisenberg, premio Nobel un año antes que Schrödinger. Según Heisenberg, es imposible medir simultáneamente, y con precisión absoluta, el valor de la posición y la cantidad de movimiento de una partícula.

Con el futuro ocurre algo parecido, al imaginarlo lo «contaminamos», creando infinitos posibles nuevos futuros.

El físico John Wheeler, colega de Albert Einstein y de Niels Bohr, comentaba en su artículo «¿Existe el universo si no estamos mirando?»[33] que había decidido dedicar los últimos años de su vida a resolver el siguiente interrogante: ¿Por qué la existencia?

Según Wheeler, nuestras observaciones influyen en el universo en los niveles más fundamentales, no siendo solo simples observadores en una escala cósmica, sino creadores viviendo en un universo partícipe. Wheeler sospechaba que el universo estaba construido como un enorme circuito cerrado de retroalimentación, a cuyo constante desarrollo nosotros contribuimos, no solo creando el presente y el futuro, sino también el pasado.

Para demostrar esta teoría, Wheeler diseñó su «experimento de opción demorada», que ilustra un principio crucial de la mecánica cuántica, la naturaleza doble de la luz, que a veces se comporta como una partícula y otras veces como una onda.

En el experimento, la luz —una corriente de fotones— brilla entre dos divisiones paralelas y llega a una cinta de película fotográfica detrás de las divisiones. El experimento puede realizar-

---

33. T. Folger, «¿Existe el universo si no estamos mirando?», revista *Discover*, julio de 2002.

se de dos maneras: con detectores de fotones al lado de cada división que permitan a los físicos observar los fotones a su paso, o sin los detectores, lo que permite a los fotones viajar sin ser observados.

Cuando los físicos utilizan los detectores el resultado es como se esperaba, se puede ver cada fotón pasar por una división o por la otra. En definitiva, los fotones actúan como partículas. Pero cuando se retiran los detectores ocurre algo inesperado, aparece un dibujo de líneas alternadas de luz y oscuridad, que solo podría producirse si los fotones se estuvieran comportando como ondas.

El resultado del experimento, igual que el futuro, cambia cuando lo observamos. Hay circunstancias en las que las cosas suceden solo porque pensamos que van a suceder, y, en otras ocasiones, la realidad nos sorprende con sucesos inesperados, los «cisnes negros»[34] de Nassim Nicholas Taleb.

Muchas de las invenciones o giros inesperados de la historia están provocados por cisnes negros.

¿Por qué el gato de Schrödinger es un ingrediente fundamental en nuestro antídoto?

Porque no podemos saber con certeza qué ocurrirá en el futuro, ya que, cuando pensamos en él, lo cambiamos.

Por si esta incertidumbre no fuera suficiente, hay que sumar que nuestro «simulador de experiencias», que es una ventaja evolutiva que debemos al desarrollo del neocórtex y que ninguno de nuestros antepasados y ningún otro animal puede hacer igual a nosotros, ¡falla en determinadas circunstancias!

---

34. La teoría del Cisne Negro o teoría de los sucesos del Cisne Negro es una metáfora que encierra el concepto de que cuando un suceso es una sorpresa (para el observador) y tiene un gran impacto, después del hecho, este suceso sorpresivo es racionalizado por retrospección. Fuente: Wikipedia.

Este simulador nos permite anticiparnos al futuro; recrear experiencias en nuestra imaginación antes de probarlas en la vida real, ¡y eso es fabuloso!, pero cuando se trata de estimar cómo nos comportaremos tras un suceso traumático o un cambio radical en nuestras vidas (como un futuro hipotético de «ser humano aumentado»), la mayoría de las veces... ¡falla estrepitosamente!

Dan Gilbert, en su charla TED sobre «la sorprendente ciencia de la felicidad»[35], nos muestra algunos ejemplos sobre el denominado «sesgo del impacto». Por ejemplo, si tienes que elegir entre ganar la lotería y quedarte parapléjico, lo normal es que elijas ganar la lotería, pero la experiencia muestra que un año más tarde, en ambas circunstancias, serás igual de feliz que antes. Este prejuicio del impacto es la tendencia del simulador a hacerte creer que los resultados son mucho más exagerados de lo que en realidad son. De hecho, con pocas excepciones, los grandes eventos traumáticos no tienen ningún impacto en nuestra felicidad si sucedieron hace más de tres meses, porque somos capaces de volver a «sintetizar» felicidad igual que antes[36].

Y, por si todavía no fuera suficiente, también existe otro factor de incertidumbre, al que hace referencia Yumal Noah Harari en *Homo Deus*[37], por el que es bastante posible que la mente con la que trabajemos en el futuro sea distinta a la de hoy, bien porque hayamos sido modificados genéticamente (si en algún momento, como parece previsible, nos atrevemos a editar nuestro ADN), o bien aumentados a través de la biotecnología. Nuestra

---

35. Te recomiendo que la veas: https://www.ted.com/talks/dan_gilbert_asks_why_are_we_happy

36. Shawn Achor, en *The happiness advantage*, hace referencia a distintos casos documentados donde puede observarse el sesgo del impacto.

37. Yuval Noah Harari, *Homo Deus. Breve historia del mañana*, Debate, Barcelona, 2016.

mente del mañana diferirá mucho de nuestra mente de hoy, y no podemos pretender imaginar cómo nos sentiremos viendo el mañana con la mente de hoy.

Aprender de Javier Sirvent

Para imaginar el futuro del gato he recurrido a uno de mis amigos gurús, Javier Sirvent. Javier es un conocido evangelista tecnológico. Le encontrarás con algún gadget tecnológico o en compañía de algún robot, y siempre, siempre, de buen humor. Nos conocimos en un circo (el chiste es fácil), él hablando sobre cómo el futuro fue antes ciencia ficción, y yo sobre la transformación de la imaginación. A partir de ahí, hemos seguido coincidiendo en eventos y tenemos algún proyecto pendiente que algún día retomaremos.

C.R.: Hola Javier, te ha tocado ser el gato de Schrödinger.

J.S.: El famoso gato tiene mucho que ver con todo lo que es el tema cuántico.

C.R.: Sí, con la incertidumbre, con la aparición de lo inesperado.

J.S.: Sobre el tema de los ordenadores cuánticos hay algo que a mí me marcó. Hace poco más de cinco años conocí entre bambalinas a Ignacio Cirac[38], que es el mayor experto en física cuántica que tenemos en Europa y que además es español. Y nos pusimos

---

38. Es un físico español reconocido por sus investigaciones en computación cuántica y óptica cuántica, enmarcadas en la teoría cuántica y en la física teórica. Desde 2001 es director de la División Teórica del Instituto Max-Planck de Óptica Cuántica. Fuente: Wikipedia.

a compartir estimaciones sobre la evolución de la computación cuántica en la próxima década y ¡se han cumplido cinco años antes! Me dijo algo así como: «Mira, Javier, quien te diga que sabe algo de computación cuántica ya te digo que casi con total seguridad no tiene ni idea, porque a mí, que supuestamente sé mucho de esto, todavía me parece demasiado complejo».

Con la computación cuántica pasará igual que con la Inteligencia Artificial, que todos la veíamos venir desde lejos, pero nos pilló de sopetón. Y la mayoría de los que hablan de Inteligencia Artificial tienen la misma idea que los que hablan de computación cuántica. Ninguna. El impacto de la IA es tan salvaje que hasta los propios expertos se han colado.

C.R.: ¿Por ejemplo?

J.S.: La colada del siglo fue pensar que tardaríamos diez años en ganar al Go, y esto pasó ya en 2015. Nos llevó a darnos cuenta de que los sistemas que aprendían de los humanos eran muy simples y que podíamos construir modelos no supervisados que aprendieran a jugar a partir de las reglas, sin ayuda humana. ¿Has visto el documental de AlphaGo[39] en Netflix?

C.R.: No, no lo he visto, pero conozco la historia.

J.S.: Pues es la mejor película de terror que puedes verte cualquier fin de semana que puedas permitirte luego no dormir del tirón. Porque cuando le ves la cara al coreano de cómo lo acaba de «humillar» una máquina, es salvaje... y posteriormente cómo

---

39. AlphaGo es un programa informático de inteligencia artificial desarrollado por Google DeepMind para jugar al juego de mesa Go. En octubre de 2015 se convirtió en la primera máquina de Go en ganar a un jugador profesional de Go sin emplear piedras de hándicap en un tablero de 19 × 19. Fuente: Wikipedia.

la versión mejorada AlphaZero, desarrollada también por Deep-Mind, superó a los mejores programas de ajedrez con solo 24 horas de autoaprendizaje, y tras 4 horas adquiere un nivel super-humano, mola y acojona a partes iguales. Y lo peor de todo es que la segunda versión se saltó los «sesgos humanos», porque se dieron cuenta de que, para algunas cosas, es más eficiente que una Inteligencia Artificial aprenda ella solita y que no lo haga «aprendiendo de personas».

Entonces comprendes que la IA y la computación cuántica lo van a cambiar todo, y que no lo hemos entendido todavía. La mayoría de la gente no es capaz, porque se trata de algo radicalmente nuevo. «Recientemente, otro extraordinario español, Juan Luís Sánchez, embajador de la computación cuántica de IBM, me mostraba sobre un ordenador cuántico de 45 Qbit's, cómo aplicando determinados algoritmos de IA al reconocimiento de imágenes puedes ver resultados más cercanos a un milagro que a algo que las matemáticas tradicionales puedan conseguir.»

Es como cuando conocí al famoso genetista George Church[40] y estuvimos hablando de *Avatar*. Me dijo que no era creíble que alguien en quince o veinte años necesitara encarnarse en un «extraterrestre» en el futuro para desprenderse de su silla de ruedas, porque la mayoría de los problemas físicos de los humanos podríamos repararlos mucho antes editando el ADN, que será mucho más económico. En menos de 30 años, «el modelo de sanidad» habrá evolucionado exponencialmente y será accesible, porque no podremos permitirnos tener a alguien dándole cuidados y una atención que requiere de inversiones en infraestructu-

---

40. George McDonald Church es un genetista estadounidense, profesor en Harvard y el MIT, y ampliamente considerado como un pionero en genómica personal y biología sintética. Fuente: Wikipedia.

ras o servicios adaptados que sean demasiado costosos. Será más barato ponerle solución a través de la genética con tratamientos de células madre modificadas con CRISPR. Ser un mutante será algo habitual y permitirá evolucionar al ser humano a una especie con bajo coste de «mantenimiento».

C.R.: Incertidumbre en computación cuántica, edición del ADN, inteligencia artificial... ¿algún otro cambio que no estemos viendo?

J.S.: Por ejemplo, no nos estamos anticipando a algo que ya pasó, y que se va a repetir de forma clarísima en otra industria. Hace una década, el 70% de los móviles en Europa eran Nokia, Eriksson, Alcatel, etc. Fabricábamos móviles, y como mucho teníamos a los americanos tipo Motorola o Blackberry como competidores. Una década más tarde, ¿móviles fabricados en Europa?, ¿el 2%?

Esto va a ocurrir igual con el automóvil. Hoy tenemos grandes fabricantes (Audi, Mercedes, BMW, etc.) y en diez años probablemente no tengamos ni el 20% del parque de coches europeos. Llegamos, por ejemplo, en el caso del fabricante americano de vehículos eléctricos Tesla, 7 años tarde. Porque el coche del futuro evidentemente será un servicio, pero además será eléctrico e inteligente, porque nosotros mismos lo estamos impulsando prohibiendo la tecnología en la que éramos líderes, el diésel y la famosa ingeniería alemana que tantos puestos de trabajo y que reporta en España, cerca del 11% del PIB, que no va a poder competir con el mercado asiático, mucho más preparado y que llevan años invirtiendo, por ejemplo, en fabricación de baterías (el 65% mundial se fabrica allí). Nos vamos a pegar un tiro en un pie de dimensiones estratosféricas. Nadie lo está viendo venir y va a suceder con nuestra ayuda y la de nuestros políticos. Además, de lo que quede de fábricas en España en 6 o 7 años, que se pongan a fabricar eléctricos, como llevan muchísimas menos piezas móviles, los expertos dicen que sobran el 60% de las plantillas.

C.R.: Sí, al mercado de la movilidad le queda poco para entrar en disrupción.

J.S.: Hay un ejemplo que no tiene que ver con la IA pero sí con la forma en la que se van a hacer las cosas. Es el famoso temita de los patinetes. Los primeros que pusieron un patinete en medio de la calle, gracias a la tecnología, para que lo coja quien quiera, fueron los de Bird y los de Lime, más o menos a la vez, ponle mitad de 2017. Cualquiera de las dos compañías hoy en día tiene una valoración bursátil de varios billones de dólares.

Con algo que todos pensábamos que era un juguete (patinete), están creciendo hasta 6 veces más rápido de lo que creció Uber o Lift. Este concepto de dejar vehículos con conectividad IoT por las calles, para que los coja quién los necesite, se empezó a desarrollar en Asia con las bicicletas, sólo unos pocos meses antes, y se ha extendido como la espuma en otros países.

El número de estas bicicletas, patinetes o diversos VMP (Vehículos de Movilidad Personal) va a crecer exponencialmente en ciudades donde al ciudadano se le restringen sus posibilidades de transporte y tiene que buscar una alternativa para poder sobrevivir.

Y este será sólo el principio, donde compañías como Bird, Lime, o Google Waymo[41], los vehículos autónomos de Google, ayudarán a solucionar los problemas de movilidad en las grandes capitales y se generará una nueva industria.

---

41. https://waymo.com/

C.R.: Has dado justo en el clavo con el ejemplo que tenía en la cabeza, porque ilustra el más puro sentido del gato de Schrödinger. Todo el mundo hablando durante años de la llegada del coche autónomo y, de pronto, ¡aparecen los patinetes! Recuerda los patinetes que aparecían en *Regreso al futuro*, después nadie vuelve a tomárselos en serio durante tres décadas y, de forma inesperada (gracias al gato cuántico), comienzan a aparecer patinetes en todas las calles.

J.S.: Y ojo, que ya hay mucha gente viviendo de eso.

C.R.: Ese es el tipo de ejemplo que quiero mostrar al lector, para que encuentre un inesperado aliado en el principio de incertidumbre. ¿Se te ocurren más? Por ejemplo, el sector agroalimentario, otra gran industria en transformación, ¿cómo crees que va a cambiar?

J.S.: Pues mira, empezando por los nuevos descubrimientos que permiten saber si se puede adivinar y anticipar si el gato va a morir o vivir, o como las diminutas partículas de luz pueden viajar en una superposición de muchos estados al mismo tiempo. Te explico: Los investigadores ya han utilizado esta peculiaridad cuántica para diseñar un prototipo de computadora que puede predecir 16 futuros diferentes a la vez e incluso cómo, otro equipo de científicos, ha logrado revertir el tiempo una fracción de segundo. Imagínate el campo de la edición genética, que es igual de exponencial que el cuántico y que también va a cambiarlo absolutamente todo. De nuevo en Europa la estamos regulando-prohibiendo y en países como EE. UU. o China van a toda pastilla. Tú quieres comerte un cochinillo supersabroso, y, si tienes que elegir cuál te comerías, si uno con un nivel de colesterol que te salte el antivirus smartwatch que te monitoriza el ritmo cardiaco, o uno sin colesterol y que no engorda. ¡Elige! ¿Cuánto estarías dispuesto a pagar por un producto que te reporta beneficios saludables?

Hace poco Liam Condon, directivo de Bayer y presidente de Bayer Crop Science, afirmaba en un evento sobre el futuro de la agricultura que, si no hacemos nada, la agricultura en Europa, en unos años será un museo[42].

C.R.: ¿Y qué nos impedirá comprar productos americanos modificados genéticamente?

J.S.: Nada. Tenemos grandes científicos en Europa y solo estamos poniendo barreras. ¿Por qué no protestan los científicos? ¡Porque son funcionarios, hombre! Pero tal cual. Tenemos un problema gravísimo, regulado desde agosto de 2018, y que nos deja fuera de juego en todo lo que tiene que ver con edición genética (CRISPR)[43] por equipararlo a los transgénicos.

C.R.: ¿Más ejemplos de incertidumbre y potencial de transformación?

J.S.: Cualquier sector donde se haya abusado de una situación de privilegio por una regulación o simplemente te hayas dedicado a fastidiar a tus clientes. Si tú puteas al cliente, alguien va a llegar, con tecnología y modelos de negocio disruptores, y te lo va a quitar, te desmontará tu negocio en tiempo récord.

Esto aplica a la banca, la política, el transporte, etc. ¿Gente que esté puteada en Madrid? Pues hombre, hay más de 6 millo-

---

42. https://innovadores.larazon.es/es/not/bayer-alerta-que-europa-puede-convertirse-en-un-museo-de-la-agricultura

43. https://www.xataka.com/medicina-y-salud/europa-se-queda-fuera-juego-fallo-historico-justicia-europea-bloqueara-desarrollo-tecnicas-como-crispr

nes de desplazamientos al día, es el sitio perfecto para montar un negocio. Ahí entra la economía colaborativa, los patinetes y catorce cosas que llegarán más.

C.R.: ¿Y en otras industrias fuera de la movilidad?

J.S.: Un banco, por ejemplo. Tienes todos los ahorros de tu vida en una entidad financiera y, nada más entrar, te meten entre cuatro cristales y tienes que dejar todos tus objetos metálicos, como si fueras un delincuente. Joder, que cuando hablan de poner al cliente en el centro de todo no se referían a unos muros antibalas y humillarle a la vista del resto de clientes.

Las Fintech se basan en algo muy sencillo, yo (banco) he tratado mal a mi cliente, que necesita un par de cosas y se las puedo dar a través de una plataforma alternativa y, entonces, ¡adiós cliente! En cuanto tiene una alternativa se va huyendo. Este patrón aplica a cualquier negocio donde se haya maltratado al cliente. Lo comentaba hace poco en un post, ¿qué será capaz de ofrecer Amazon a los clientes que tengan una cuenta Prime y que gracias al acuerdo con JPMorgan puedan domiciliar su nómina con ellos, en vez del banco habitual donde lo han «maltratado» durante años, hasta vendiéndoles preferentes?

Es muy fácil, solo hay que recorrer sectores que han maltratado a sus clientes y diseñar alternativas.

C.R.: ¿Y qué consejo le darías al lector?

J.S.: El mejor consejo es que, uno, te dediques a lo que te apasione, y, dos, que te acostumbres a gestionar la incertidumbre (sí, el famoso gato). Esto es algo que los milenials hacen de forma natural. Si te tienes que dedicar a algo, que sea a lo que te apasione.

El futuro está más en el campo de las habilidades, y no tanto en el conocimiento.

Como no sabes a qué problemas tendrás que enfrentarte, aunque sí que muchos tendrán que ver con la Inteligencia Artificial, la clave está en ser un poco polímata[44], tú sabes mucho de eso, y gestionar la incertidumbre como un milenial.

Si solo sabes de una cosa y, por un cambio de modelo de negocio, o porque alguna tecnología exponencial incide en él y lo automatiza... ¡estás fuera! En cambio, si manejas diferentes dominios puedes pivotar entre ellos.

C.R.: Justo le dedicamos un capítulo a la polimatía y otro a «evitar el terreno de la máquina».

J.S.: O a buscarlo como modelo de negocio.

C.R.: Sí, claro, a aliarte con ellas.

J.S.: El futuro está en buscar trabajos que no puedan ser sustituidos por computadoras con una IA, pero nos han enseñado durante años a ser y a comportarnos como máquinas: hacer trabajos repetitivos, memorizar cosas, competir y no hacer equipo o, lo peor de todo, nada de emprendimiento y fomentar el funcionariado como forma de vida. Yo veo una clase donde el profesor sigue limitándose a dictar y los estudiantes a hacer de «escribas» como si fuese el antiguo Egipto, me dan ganas de aplicar algo cuántico y enviarle en un salto en el tiempo a las catatumbas de donde nunca debería de haber salido.

---

44. Un polímata es un individuo que posee conocimientos que abarcan diversas disciplinas. Fuente: Wikipedia.

C.R.: Y, en ese futuro, el gato... ¿vivirá o morirá?

J.S.: Vivirá. Seguro. Además, ¿no dicen que tiene 7 vidas? [Risas]

C.R.: Yo también lo creo, gracias, Javier.

¿Cómo sacarle partido al gato de Schrödinger?

En primer lugar, en la faceta defensiva del gato de Schrödinger, nos sirve para recordar que no merece demasiado la pena preocuparnos pensando en futuros distópicos, ya sea por:

1. El factor de **incertidumbre que añadimos a la realidad cuando la observamos** (que veíamos con Schrödinger, Heisenberg y Wheeler).
2. Los **fallos en nuestro «simulador de experiencias»** y el «sesgo del impacto» (que nos apuntaba Gilbert).
3. O porque, con la futura evolución de la mente humana, **nos es imposible ponernos en la mente de nuestro «futuro yo»** (como afirmaba Harari).

En definitiva:

Ni sabemos qué va a pasar, ni cómo nos sentiremos cuando pase, ni será tan traumático como imaginamos, ¡el gato de Schrödinger o los cisnes de Nassim Nicholas Taleb acudirán en nuestra ayuda para cambiarlo todo!

Como decía Javier Sirvent, si la mayoría de la gente no tiene ni idea y hasta los expertos han tenido errores de bulto en sus expectativas, no te preocupes tanto y... ¡prepárate para estar preparado!

Si en cambio quieres utilizar a nuestro gato de forma ofensiva, para explorar oportunidades de negocio, solo tienes que **recorrer sectores que han maltratado a sus clientes y diseñar alternativas.**

Siguiendo con la metáfora cuántica, sería como buscar sectores en una situación próxima a una «gran explosión» (big bang), con una densidad y temperatura suficiente para que se produzca una singularidad (cambio de modelo de negocio y/o tecnológico) y se genere una disrupción.

Densidad	Temperatura	Singularidad
¿Existe una regulación-concentración-dispersión de proveedores? ¿Algo que haya limitado históricamente la entrada de nuevos jugadores?	¿Cuál es el grado de cabreo-maltrato-desesperación de los clientes?	¿Existe (o está próxima a madurar) alguna tecnología que pueda *hackear* la cadena de valor/alguno de sus procesos-subprocesos?

Carta de personaje:
«Gato de Schrödinger»

SUPERPODERES

Defensivos:	Ofensivos:
• **Silenciador gatuno**. Silencia el «sesgo del impacto», que nos ayuda a afrontar cualquier contratiempo con mayor predisposición positiva.	• **Maullido psíquico**. Instinto gatuno para identificar sectores que están próximos a un *big-bang*.
• **Rayo confuso**. Sistema defensivo inspirado en Schrödinger, Heisenberg y Wheeler que te asegura que la mayoría de las cosas terribles que podrían pasar... ¡no pasarán!	

3

No pelees en su terreno favorito

«El que vivas o mueras depende de la configuración del campo de batalla.»

Mei Yaochen, *El arte de la guerra*

TERRITORIO

Hay dos tipos de terreno donde las máquinas se sienten como en casa. Los que se modelan con secuencias lógicas, árboles de decisión y heurísticas, y en aquellos en los que se puedan aplicar mecanismos de inferencia estadística.

Empecemos con un ejemplo del primero.

Si vas a tu trabajo y lo que haces todos los días es ejecutar un listado de actividades (por ejemplo abrir un excel de clientes a los que hay que cambiar algo de cada uno de ellos en algún sistema), y para cada actividad sigues una serie de pasos predefinidos, entonces, tu trabajo, lo acabará haciendo una solución de Robotic Process Automation[45] (una «macro 2.0»). Ni siquiera hará falta una inteligencia artificial.

Si la información es explícita (aunque esté distribuida entre diferentes sistemas), y las reglas que gobiernan el proceso son claras, acabará siendo automatizado. El resultado final será como si un «fantasma» hubiera tomado tu puesto de trabajo. La solución de RPA abrirá y cerrará ventanas, cogerá datos de una y otra aplicación, y «tecleará» los datos en el sistema destino sin que tengas que hacer nada. Habrás dejado de hacer falta. Un robot software hará tu trabajo sin cansarse, sin equivocarse, sin dormir, sin vacaciones y sin cobrar, salvo la licencia del fabricante de RPA, que será seguro menos de un tercio del coste de una persona en el destino offshore más económico del mundo[46].

En este caso la culpa no la tiene el robot. Suena duro, pero es un trabajo que no debería estar haciendo un ser humano, aunque haya muchos seres humanos haciendo cosas parecidas a las del ejemplo anterior.

Es simple. Si te comportas como una máquina, más pronto que tarde, lo que haces lo hará una máquina.

---

45. RPA (Robotic Process Automation) según Wikipedia: «Una automatización robótica de procesos es una forma naciente de automatización de los procesos de negocio que replica las acciones de un ser humano interactuando con la interfaz de usuario de un sistema informático».

46. «Greetings from Robotistan, outsourcing's cheapest new destination:» https:// www.horsesforsources.com/robotistan_011112

Otro ejemplo. Trabajas para un banco y estás en un centro de atención donde atiendes telefónicamente a clientes que tienen una incidencia en un cajero automático de tu entidad. Cuando alguien te llama, verificas que es quien dice ser, accedes a otra aplicación para consultar sus últimos movimientos, compruebas que no excedió el límite de su tarjeta, que tiene saldo, etc. Este proceso puede involucrar diferentes aplicaciones, porque la información resida en diferentes sistemas, o, en el mejor de los casos, en diferentes pantallas/consultas dentro de un mismo sistema.

Imagina que, en este caso, las causas por las que un cliente no puede sacar dinero con su tarjeta puedan ser las siguientes: la tarjeta está caducada, la tarjeta está bloqueada por intento de fraude, no hay saldo suficiente en la cuenta, se ha excedido el importe máximo diario a extraer, o el cajero está estropeado.

Ahora imagina que te llama nuevamente tu cliente. Le pides su nombre y, por arte de magia, aparece en pantalla si su tarjeta está en vigor y activa, si tiene o no saldo, si excedió o no el límite, y, como tu sistema es tan listo y sabe desde dónde está tratando de sacar dinero, si hay alguna incidencia técnica reportada en el cajero.

¡Todo lo que necesitas saber para resolver su problema está en tu pantalla!, desde el principio (lo ha hecho un RPA para ti), por lo que puedes centrarte en la parte humana (en lugar de en navegar entre pantallas) y ponerle foco a empatizar y tratar de ayudar a un cliente que ha querido sacar su dinero de tu cajero y no ha podido. El 80% del tiempo (y del coste) de la llamada habrá desaparecido y te habrás centrado en la parte importante: en **dar un servicio extraordinario a tu cliente.**

Es triste, pero **muchos trabajos solo existen porque hacemos malos sistemas y necesitamos personas que cubran ese vacío.** En el momento en que un RPA lo resuelva, el CIO decida incorporar mejoras para dar un servicio centrado en el usuario o digitalizar parte del proceso y «entregárselo» al cliente, habrá desaparecido el 80% rutinario, mecánico e innecesario de esa actividad, y, por tanto, hará falta solo el 20% de las personas que se necesitaban para prestarla.

Lo malo no es que este trabajo desaparezca. Lo malo es que la repetición es la causa principal de que nuestros cerebros se contraigan y pierdan plasticidad para aprender y adaptarse. Ejecutar una tarea mecánica durante ocho horas al día no es el trabajo más edificante que uno pudiera desear. Por lo que las soluciones de RPA, mirándolo en positivo, liberarán al ser humano de hacer trabajos intelectualmente mutilantes.

Ahora veamos un ejemplo del segundo tipo de «terreno favorito de la máquina»: el de los **problemas resolubles por inferencia estadística.**

Imagina que eres un dermatólogo especializado en identificar melanomas en la piel. Tu día a día consiste en recibir pacientes, ver sus lunares y/o manchas, y decidir si extirpas y haces una biopsia.

Si tu ojo puede discernir si un lunar o una mancha no tienen buen aspecto... una máquina tendrá siempre más posibilidades de hacerlo mejor que tú por una sencilla razón: puede haber sido entrenada con millones de casos (positivos y negativos) y atesorar una experiencia acumulada que tú, aunque quisieras, no podrías acumular aunque vivieras cientos de vidas.

Ahora imagina que eres un abogado especializado en poner a la venta carteras de activos inmobiliarios. Trabajas para bancos, fondos de inversión y Servicers, y tu trabajo consiste en procesar toda la documentación relativa a un activo y extraer información relevante para el negocio (propietarios, cargas, avales, etc.). La mayor parte de tu trabajo es mecánico, abres cientos de documentos cada día para saber qué son y qué información explícita contienen. Los documentos son relativamente complejos y desestructurados, y muchos de ellos ni siquiera aportan valor al proceso, los abres porque sus nombres no dan información sobre su contenido.

Un buen día se te acerca una empresa que aplica aprendizaje automático (procesamiento del lenguaje natural) con redes neuronales para procesar los tipos documentales con los que tú trabajas, y que es capaz de clasificar los documentos de forma automática y de extraer, de cada documento y con un alto grado de precisión, la información que necesitas para valorar un activo. Todo con una supervisión humana mínima. En tal caso, automáticamente, el 90% del contenido de tu trabajo habrá desaparecido. Esto no debería importante, porque no estudiaste derecho para abrir un documento y saber si era una novación financiera o una escritura de constitución de préstamo, ni para abrir un contrato y teclear los intervinientes en otra aplicación. Si una máquina lo hace para ti y lo hace bien, ¿por qué preocuparte?

Preocúpate solo si te preocupa.

No creo que se salve ninguna profesión del conocimiento, y no solo las menos cualificadas (los backoffices administrativos y los procesos de atención al cliente), sino también las muy cualificadas (jueces, abogados, médicos, ingenieros, financieros, etc.). Gran parte de su contenido podrá ser automatizado.

Podríamos repasar cientos de casos similares, en los que las máquinas nos batirán sin despeinarse. Siempre que existan suficientes ejemplos para que una máquina pueda inferir el resultado ante un nuevo caso no observado... ¡perderás siempre! Pelear ahí es de tontos, por lo que creo que es mejor saberlo y aceptarlo.

Hace poco el periódico *El País* publicaba una entrevista en la que se afirmaba que los profesores en España parece que trabajan en una cadena de producción[47]. Si el contenido de tu trabajo se parece a una cadena de producción, ¡cambia de territorio o estarás perdido! Si se procesan grandes cantidades de datos de forma homogénea... ¡¡¡huye!!!

Aprender de Fernando Font

En este capítulo decidí entrevistar a un compañero, un gran tipo y responsable de la práctica de RPA en Minsait. Ha sido con diferencia el más difícil de pillar de todas las personas con las que he hablado porque... ¡está automatizando procesos por todo el mundo! Desde Sao Paulo a Beirut pasando por México DF.

C.R.: Fernando, ¿por dónde comenzarías para evitar el «terreno de la máquina»?

---

47. https://elpais.com/sociedad/2018/10/09/actualidad/1539106335_328097.html

F.F.: La primera pregunta que nos hacemos cuando afrontamos un proceso de automatización es la siguiente: «¿por qué estás realizando esta tarea?». Hay mucha gente que lleva años haciendo lo mismo sin cuestionárselo. Por ejemplo, recibes cada día un e-mail con un Excel adjunto con información que tienes que introducir en un sistema. El valor que aporta será nulo o muchísimo, depende del negocio. A lo mejor es crítico y no puede hacerlo una máquina, porque tomas decisiones de negocio según recorres el Excel. Pero lo normal es que no lo sea, que lo único que hagas sea teclear datos de un sitio a otro, y que nunca te hayas planteado el porqué.

Lo primero es replantearte tu trabajo. ¿Por qué estoy haciendo esto? ¿Qué aporta al negocio? ¿Se podría automatizar? Aunque pienses que una máquina te pueda quitar el trabajo, si te haces estas preguntas estarás elevando tu discurso de nivel, haciendo tu trabajo operativo más eficiente, y serás percibido como un perfil transformador. Es mejor que te vean así, que no como alguien que hace algo porque se lo han dicho y nunca se ha cuestionado por qué tiene que hacerlo.

C.R.: Sí, y no hay nada peor que hacer algo inútil de forma eficiente.

F.F.: Tú que conoces bien la externalización de procesos de negocio (BPO[48]). En BPO, ¿quién destaca?, ¿quién termina siendo supervisor? El que aporta valor más allá de introducir datos.

C.R.: Eso es, el que se cuestiona el proceso de negocio y lo reta.

F.F.: El que piensa siempre «¿cómo podríamos mejorar este proceso?, ¿qué se podría automatizar en estas siete casuísticas que se re-

---

48. Business Process Outsourcing: externalización de procesos de negocio.

piten cada día?». Ese, el que se cuestiona el proceso y da pasos para mejorarlo. Nosotros atacamos los procesos siempre desde ahí. Los clientes nos dicen: «¡robotizad!» Y en muchos casos no hace falta ni robotizar, existen mecanismos aún más sencillos que nadie se ha planteado. Nuestra misión es automatizar tareas y uno de nuestros *drivers* es el robot, pero no tiene por qué ser el único.

C.R.: Esto que dices es importante. La gente cuando piensa en automatización se imagina algo sofisticado, aprendizaje profundo con redes neuronales. Y la mayoría de los problemas a los que nos enfrentamos en el día a día se resuelven con aproximaciones mucho más simples, una macro o un RPA. El salto a lo cognitivo de verdad queda para otras actividades del conocimiento menos estructuradas, pero el 80% de los casos son *quick wins* de automatización.

F.F.: Sí, por ejemplo en un caso reciente robotizamos un proceso a una auditora que consistía en subir información de forma sistemática a diferentes organismos. Los consultores se equivocaban muchísimo, se les olvidaba adjuntar el documento, lo hacían fuera de plazo, etc. Resulta que habían realizado a la perfección el 99% de su trabajo y fallaban en ese 1% más sencillo, que para la persona no tiene valor pero que era crítico para el proceso de negocio. Lo hemos automatizado y están encantados.

C.R.: Ese es un caso de libro. Realizar un trabajo y tener que informar del mismo en 1 o N sistemas. Introducción de datos múltiple. Es aburrido, repetitivo y se cometen muchos errores. Casi nadie dedica tiempo a cuestionarse su trabajo.

F.F.: El que piense que su trabajo le encanta porque no tiene que pensar y se limite a ejecutar de forma reactiva un trabajo repetitivo está muerto.

C.R.: Ponme ejemplos.

F.F.: El ejemplo típico es el que comentábamos antes. Recibes un Excel y tienes que grabar un inventario todos los días, y te limitas a eso, sin plantearte si se podría automatizar o no.

C.R.: Si te comportas como un robot, en el sentido más básico de robot, te sustituirá un robot.

F.F.: Yo creo que hay que retar siempre al sistema porque si no estás muerto. Pensar, «pero y esto por qué», «porque lo ha dicho este», «¿y por qué lo ha dicho?», etc. En procesos de atención al cliente, sé que puedo automatizar un 20% del trabajo sin verlo. ¿Por qué? Porque la mayoría de la gente no se ha replanteado qué es lo que hace.

C.R.: Si tuvieras, como en las películas de Indiana Jones, que cruzar por un suelo de baldosas (tareas) que se hunden al pisarlas, ¿cuáles evitarías? ¿Cómo ayudamos al lector a identificar el terreno de la máquina o a encontrar tareas en las que se sienta reconocido?

F.F: Lo primero que hay que conocer es qué se puede hacer técnicamente. RPA es el presente, es algo que se puede hacer y que ya empieza a ser una *commodity*.

C.R.: ¿Y qué puede hacer un RPA?

F.F.: Tareas que hace un ser humano, que son medibles, que tienen unas reglas básicas predefinidas, y que no requieren inteligencia para hacerlas. En el ejemplo de antes, si el Excel viene estructurado, y lo único que tengo que hacer es buscar la celda A1, registrarme en una aplicación, buscar el usuario que se especifica en la celda A1 y copiar el valor de A2 en algún lugar de la aplicación, eso lo puede hacer un robot, N veces y mucho mejor que un humano.

C.R.: Y podría modelar condiciones, registrarse en distintas aplicaciones para extraer información, hacer operaciones matemáticas con ellas, coger un dato de una aplicación e introducirlo en otra...

F.F.: Y generar informes de gestión que a día de hoy no se generan. Todo el que ha pasado por un *backoffice* de operaciones sabe que hay mucha manualidad en el *reporting*. Todo eso se puede resolver con un RPA. ¿Dónde aportas valor tú? Cuando tienes que tomar una decisión de negocio que no está reglada. Hemos llegado hasta aquí, me ha devuelto 13, ¿y ahora qué hago? Porque no es 13 y me voy por la izquierda o 14 y me voy por la derecha. Ahora tengo que saber qué es lo que hay que hacer, y no se lo puedo contar a un robot porque es una tarea muy humana, que requiere inteligencia pura y dura. Ahí es donde hace falta un humano.

Nosotros tenemos un robot que ayuda a un consultor de negocio que recibía los miércoles cuatro ficheros Excel. Invertía tres horas y media en confeccionar un informe y media hora para tomar una decisión. Lo que hicimos fue darle la vuelta, ahora el informe se lo hace un robot y tiene tres horas y media para tomar una decisión que no podría tomar un robot. Le hemos dado tres horas y media a una persona crítica para tomar una decisión.

C.R.: ¿Otro ejemplo?

F.F.: El otro día hablábamos también con brókers de energía y nos preguntaban qué les podría aportar un RPA. La cuestión es si la persona que decide comprar o vender sigue unas reglas o pone inteligencia en el proceso. Si sigue unas reglas predefinidas lo puede hacer un RPA, y lo va a hacer inmediatamente ante cualquier cambio de precio de energía o cualquier condición (sin perder coste de oportunidad) y de forma consistente.

¿Dónde aporta el humano? Cuando el robot cocina para ti toda la información pero hay que considerar otros factores más subjetivos y el que decide si se compra o no soy yo.

C.R.: Suena bien, yo quiero un RPA para mí también. ¿Les ves alguna pega?

F.F.: Sí, ¿cuál es el problema que le veo? La persona que tomaba la decisión de antes hacía de forma manual la parte que no aportaba valor, y aprendió del negocio haciendo justo eso, que ahora alguien que se incorpora nuevo no va a aprender porque no lo va a hacer nunca, y se perderá conocimiento del proceso. Se tendrá el poder de decisión, pero se perderá conocimiento. Podrá comprar o vender pero no sabrá con exactitud cómo se ha cocinado la información. Si lo hace el robot perdemos la visión de cómo debería hacerse.

Los centros de excelencia en robotización buscan gobernar el conocimiento del proceso, que es crítico. La robotización es positiva, pero desde el control del proceso de negocio, porque mañana a lo mejor ese proceso ya no sirve, y tu robot sigue haciendo 30.000 operaciones innecesarias al día que no hacen falta.

Una de las máximas de la robotización es no robotizar un proceso que ya está roto, porque lo único que consigues es romperlo más. Si un proceso es ineficiente y lo robotizas, lo único que consigues es hacerlo eficientemente ineficiente. Y es importante hacer esa reflexión. El que sepa hacer esa reflexión aportará valor, y el que se limite a robotizar por robotizar seguirá haciéndolo igual de mal que antes.

C.R.: ¿Esto va solo de ahorrar o hay algo más?

F.F.: Hay clientes que nos prohíben hablar de ahorro, nos dicen, por ejemplo, que están creciendo a doble dígito y que quieren absorber el crecimiento con el mismo equipo humano. El valor puede venir también en términos de calidad de servicio (evitar errores humanos), retención del talento (evitar rutinas aberrantes), etc. El otro día estaba presentando nuestras capacidades a un cliente, y una de las personas no entendía lo de los robots y no paraba de interrumpirme. Así que le propuse sentarme con su equipo tras el almuerzo, ver un proceso y decirle si era robotizable o no. Tenían ingenieros aeronáuticos descargando datos masivos de una aplicación e introduciéndolos en otra, en una tarea robotizable al 100%.

Otro enfoque es «cuéntame eso que quieres hacer y que no puedes porque no tienes suficientes personas». Muchas veces la automatización va también por ahí.

C.R.: ¿Y algún caso llamativo de reestructuración de plantilla?

F.F.: En un cliente tuvimos que reestructurar un servicio que daba pérdidas, no solo implantando un RPA sino cambiando el flujo del proceso. En unos meses dejaron de hacer falta más de cien personas.

Los *backoffices* de operaciones tal y como los entendíamos se han terminado. Ahora se pone tecnología y donde no llega la tecnología se ponen personas. No al revés.

C.R.: ¿Y qué cuesta un robot?

F.F.: Lo que suele decirse es que un robot puede hacer el trabajo de entre tres y cinco personas.

Un robot puede trabajar 24×7×365. Quítale si quieres un 10% de improductividad porque las máquinas hay que reiniciarlas, instalar parches, hacer ajustes y demás. Y la licencia, por simplificar, puede costar unos diez mil euros al año (en realidad algo menos).

Hay un tema de mantenimiento que es importantísimo. Los procesos cambian y los robots tienen que seguir funcionando. Se trata de un coste oculto que es difícil cuantificar y que depende de la variabilidad del proceso.

Las personas se adaptan bien a los cambios sencillos de operativa, los robots en cambio necesitan ser gobernados ante cualquier cambio mínimo en los procesos. Si las aplicaciones cambian hay que reconfigurar los robots.

C.R.: Gracias, Fernando, me quedo con la necesidad de «gobernar a los robots». De momento intentaremos evitar su terreno.

¿Cómo evitar el terreno de la máquina?

Como corolario, y después de repasar muchos ejemplos donde no deberías meterte (o de los que deberías escapar), te diría que entrenes tu **pensamiento crítico**. Huye de territorios que se parezcan a una cadena de producción o donde se procesen datos masivos, sean estructurados o desestructurados. Escapa de trabajos que requieran solo razonamiento estructurado.

Para entrenar tu pensamiento crítico, puedes comenzar haciendo un análisis de tu semana laboral, cuestionándote el sentido de cada tarea en tu negocio y en tu vida.

Tareas	Duración	Pensamiento crítico
Tarea 1	1 h	¿Por qué estás realizando esta tarea? ¿Qué aporta al negocio? ¿Es edificante? ¿Se podría automatizar?
Tarea 2		
Tarea 3		
Tarea N		

Como contrapartida, buscaría territorios:

- **Singulares** o de nicho, como vimos en el capítulo *Combate la Singularidad con singularidad*). Enfócate en lo pequeño.
- Donde puedas hacer uso del pequeño cerebro del **corazón** (lo veremos en el capítulo *El corazón es el último territorio*). Enfócate en el corazón.
- En los que explotes tu **creatividad** y tu **polimatía** (lo veremos en *Explota tu polimatía*). Enfócate en las intersecciones.
- **Nuevos,** por explorar (lo veremos en *Siempre nos quedará Marte*). Enfócate en lo nuevo, o mejor aún, ¡adelántate a lo nuevo! (lo veremos en *Entrena tu pensamiento exponencial*).

No te preocupes de momento, porque a cada uno de estos nuevos territorios que el futuro tiene reservados para ti... ¡le dedicaremos un capítulo completo de nuestro antídoto!

Carta de personaje:
«Territorio» (pensamiento crítico)

SUPERPODERES
Defensivos:

- **Escudo roca**. Muro que se levanta desde el suelo y te protege del terreno de la máquina, de procesos repetitivos, masivos, que se pueden modelar con secuencias lógicas, árboles de decisión y heurísticas, o donde se puedan aplicar mecanismos de inferencia estadística.

- **Psicosensor**. Pensamiento crítico activo, que te ayuda a cuestionarte el sentido y valor de cada tarea.

4

El corazón es la última frontera

«Mientras unos buscan lo que pueden obtener,
un verdadero rey busca lo que puede dar.»

El Rey León

El corazón no solo es la última frontera, también es el último territorio del ser humano.

Cada vez que tengo ocasión, aprovecho para hablar del pequeño cerebro del corazón, descubierto en 1991 por J. Andrew Armour[49]. Este pequeño cerebro está formado por 40.000 neuronas y, según algunos investigadores, puede tomar decisiones, pasar a la acción independientemente del cerebro (del de la cabeza), aprender, recordar e incluso percibir. Es el único órgano del cuerpo que envía más información al cerebro de la que recibe y, a través del ritmo cardíaco y sus variaciones, envía mensajes al cerebro y al resto del cuerpo.

---

49. J. Andrew Armour es médico especialista en Neurocardiología y miembro del comité científico asesor de HeartMath.

Cerebro del Corazón

Frederic Laloux, en *Reinventar las organizaciones*[50], comienza diciendo que algún día no entenderemos cómo, a principios del siglo XXI, todavía pensáramos que el ser humano solo tenía un cerebro, cuando en realidad tiene tres, uno en la cabeza, otro abdominal, que regula la actividad intestinal, y el pequeño cerebro del corazón.

Para explicarlo, Frederic usa como analogía que en la antigua Grecia, uno de los períodos más fértiles del pensamiento humano, se pensaba que los hombres y las mujeres tenían un número diferente de dientes, cuando comprobarlo hubiera sido tan sencillo como abrir la boca de un hombre y de una mujer ¡y contar!

Hoy en día, con el cerebro del corazón ocurre lo mismo que con los dientes en la antigua Grecia. Fue descubierto hace tres décadas y todavía no lo hemos sumado en el «contador de cerebros». Igual que a algunas personas les escandaliza el potencial impacto de la Singularidad, a mí me escandaliza que hayamos

---

50. F. Laloux, *Reinventar las organizaciones*, Arpa Editores, Barcelona, 2016.

descubierto un cerebro en el corazón y no estemos profundamente conmovidos.

El «cerebro de dominio público» (el de la cabeza) es a su vez una fusión de «cerebros». Está formado por el cerebro primitivo, el reptiliano, que compartimos con los reptiles y que nos ayuda a huir o atacar, el límbico, que compartimos con los mamíferos y que gestiona nuestras emociones, y el más reciente, el neocórtex. Este último, según Ray (el de la Singularidad Tecnológica de antes), está formado por unos 300 millones de reconocedores jerárquicos de patrones autoasociativos, que cuentan con autoorganización, redundancia y predicciones en sentido ascendente y descendente. Gracias a él (al neocórtex) contamos con una potente capacidad de abstracción.

Ray apunta a que en 2029 habremos conseguido realizar la ingeniería inversa del cerebro, y Elon Musk, el emprendedor en serie por antonomasia (Tesla, SpaceX, SolarCity, Hyperloop, etc.), acaba de presentar Neuralink[51], un producto para conectar nuestros cerebros a un ordenador y potenciar las capacidades cognitivas humanas mediante inteligencia artificial (y caminar hacia el «ser humano aumentado»).

Lo interesante es que ambos están pensando solo en copiar y extender las capacidades del cerebro de la cabeza. Pero, afortunadamente para nuestro antídoto, al cerebro del corazón nadie le ha prestado atención. **Nadie tiene de momento intención de copiarlo ni extenderlo.** La industria no está interesada en él. Por eso pienso que **el corazón es un órgano cargado de futuro.**

Sobre el cerebro de la cabeza, si pudiéramos observar con un microscopio el comportamiento de los millones de reconocedores de patrones, ver cómo la activación de unos inhibe o excita la

---

51. https://www.cnbc.com/2018/09/07/elon-musk-discusses-neurolink-on-joe-rogan-podcast.html

activación de otros en modo jerárquico, y cómo responden con impulsos eléctricos en respuesta a estímulos externos o internos, temblaría el concepto que tenemos de libre albedrío.

Lo llamamos «libre albedrío» porque la complejidad y diversidad de estímulos y la infinita madeja de conexiones nerviosas impiden (de momento) predecir el resultado, pero no somos muy diferentes a una complejísima y sofisticada máquina causal. Eventos que disparan eventos, de los que solo tenemos acceso a la superficie. Trataremos este tema también en el próximo capítulo.

Me gusta pensar que **el corazón es la libertad última,** porque el ser humano es capaz de comportarse de forma «irracional» justamente por eso, porque en determinadas circunstancias otro cerebro toma el control.

Si todavía nos faltan unos años (2029, según Ray) para entender por completo el único cerebro al que hemos concedido su existencia, nos falta mucho más para comprender el funcionamiento del pequeño cerebro del corazón. Las opiniones sobre él son contradictorias. Por ejemplo, Javier Segovia, jefe de sección de insuficiencia cardíaca avanzada, trasplante e hipertensión pulmonar del Hospital Universitario Puerta de Hierro, dice que el corazón «es un órgano para bombear», y que «la existencia de neuronas en el corazón no determina la presencia de memoria»[52]. Josep María Caralps, en cambio, uno de los cirujanos cardiovasculares más prestigiosos de España, afirma que «las células del corazón pueden almacenar memoria y energía», y que «la memoria del corazón tiene sólidas bases médicas y científicas»[53]. ¿A quién de los dos crees?

---

52. https://www.antena3.com/series/pulsaciones/memoria-del-corazon/javier-segovia_20170130588f7dc90cf2c31a5c63d014.html

53. https://www.antena3.com/series/pulsaciones/memoria-del-corazon/josep-maria-caralps-las-celulas-del-corazon-pueden-almacenar-memoria-y-energia_20170105586e30040cf211d2aa1254a9.html

Si nos alejamos por un momento de la ciencia, y nos dejamos guiar por la intuición y la sabiduría popular, ¿a qué piensas que podía referirse el matemático, físico y filósofo francés Blaise Pascal (1623-1662) cuando afirmaba que «el corazón tiene razones que la razón no entiende» o que «a la verdad se llega no solo por la razón, sino también por el corazón»? ¿Recuerdas qué le dio el Mago de Oz al Hombre de Hojalata? ¡Un reloj con forma de corazón que simulaba los sonidos que hace un corazón latiendo! En mi caso, empecé a interesarme por el cerebro del corazón en 2013. En aquel momento buscabas «cerebro del corazón» en Google y no aparecía casi nada, una entrevista en *La Vanguardia* a Annie Marquier[54] y poco más. Ahora la búsqueda arroja muchos más resultados, y dentro de unos años sucederá lo que afirmaba Laloux en su libro, no entenderemos cómo, bien entrado el siglo XXI, manteníamos un concepto monocerebral, como si aceptar que existen diferentes centros neurálgicos que coparticipan en la toma de decisión amenazara la visión monolítica del ser humano.

Pero no solo es una cuestión de toma de decisiones. También es una cuestión magnética. El campo electromagnético del corazón es el más potente de todos los órganos del cuerpo, 5.000 veces más intenso que el del cerebro, que se extiende alrededor del cuerpo entre dos y cuatro metros. Es decir, todos los que nos rodean reciben información de nuestro corazón. Literalmente **podemos sentir el corazón de otras personas.**

¿Por qué crees que disfrutamos más de un concierto, partido o espectáculo en directo? ¡Porque latimos con otras personas! Latimos juntos. Y eso una máquina no lo puede imitar. No todavía.

---

54. http://www.lavanguardia.com/lacontra/20120314/54267641495/annie-marquier-corazon-cerebro.html

El latido es nuestro grito de guerra.
Por eso, en algún momento, tenemos que regresar a él
y entender que es nuestra ventaja competitiva más
poderosa frente a la máquina. La única sostenible.

Para hablar del corazón elegí a dos personas muy especiales, Meirav y Cipri. En las entrevistas entenderás por qué.

Aprender de Meirav Kampeas-Riess

Conocí a Meirav de casualidad. O tal vez no.

Le pedí a una amiga, Myriam, que me presentara a Cipri. Cuando le conté sobre qué iba este capítulo, me dijo: «tienes que conocer también a Meirav, es espectacular». Myriam había entrevistado a Meirav unos días antes en la radio, me envió el podcast de la entrevista y... ¡me encantó! No quería que te la perdieras tú tampoco.

Meirav sirvió en el ejército de Israel, es maestra de educación especial y, en su libro *El pequeño libro de los grandes valores*, relata la historia de su abuela Edith, que sobrevivió al Holocausto. Y es, sobre todo, un corazón.

C.R.: Hola Meirav, si te parece empezamos hablando de valores, ¿por qué crees que en el futuro los valores serán más importantes que nunca?

M.K.: Yo trabajo con niños de infantil, entre dos y seis años, en una edad crítica, en el sentido de que los niños absorben muchísima información en muy poco tiempo. Aprenden a conectar con los demás. Creo que son los mejores años en los que podemos trabajar, no solo el contenido, que también es importante, sino la comunicación de los sentimientos y los valores.

C.R.: Sí, yo también pienso lo mismo.

M.K.: Yo aprovecho cualquier situación que pasa en la clase para representarlo como una escena de teatro, y hablamos sobre lo que pasa, cómo nos sentimos, qué nos gustaría hacer para cambiar esta situación, qué podemos hacer nosotros mismos. Y veo en el brillo de sus ojos que están escuchando de verdad, y puedes observar el cambio en su actitud. Los niños están constantemente absorbiendo lo que hacemos nosotros los adultos. Lo que nos obliga a ser responsables con lo que hacemos, decimos, cómo actuamos, etc. Sabemos lo que hay que hacer pero solemos hacer otra cosa distinta.

C.R.: Haz lo que te digo pero no lo que hago.

M.K.: Exacto. Yo creo que debemos ser un ejemplo de cómo vivimos nuestros valores. En lo que tiene que ver con los sentimientos, trabajo mucho la empatía con los niños, la compasión, compartir con personas que no sean necesariamente tus amigos o tu familia, abrirse a otro grupo que no conoces pero con el que compartes un objetivo en la vida. Otro de los valores importantes es la gratitud, agradecer constantemente, de corazón, cualquier cosa pequeña que nos pasa en la vida.

Al final, lo que soy yo es el espejo de todo lo que me rodea. Yo soy el espejo del mundo y el mundo es mi espejo. Si trato a las personas bien, con respeto, amor, agradecimiento, compasión, etc., todo esto te llega a ti también, el mundo te devuelve tu actitud.

C.R.: Más adelante, en el capítulo dedicado a la «religión del futuro», hablaremos sobre un tipo de pensamiento que tiene que ver con ser un espejo en el que el mundo se refleja y a la vez ser reflejo en el espejo de otros.

M.K.: Totalmente.

C.R.: Has hablado de abrirnos a los demás. ¿Cómo nos abrimos a los demás?, ¿cómo una persona se abre a los demás?

M.K.: Te lo cuento desde mi punto de vista personal. Con el paso de los años nos vamos creando un caparazón, una especie de armadura para protegernos por si alguien nos hace daño. Por dentro estamos superblanditos, pero por fuera nos creemos las personas más fuertes del mundo, hasta que se produce una situación en tu vida en la que tienes que abrirte a los demás.

Yo suelo contar la historia de mi abuela. Hay mucha gente que no sabe exactamente qué ocurrió en la Segunda Guerra Mundial, o no tiene contacto personal con una persona como yo, que soy nieta de una superviviente.

Compartir la historia de mi abuela lo veo como un regalo. Es fuerte. Es un regalo que hay que saber cómo tratar o cómo abrirlo poco a poco. Y al compartir su historia, yo comparto una parte muy íntima y personal mía, que es de lo que hablamos antes, es el espejo. Yo siempre conocí a mi abuela como es ahora, como una persona que ha sobrevivido al Holocausto, y que para mí es la persona más fuerte y positiva del mundo. Entonces lo que me pasó es que, de repente, al compartir su historia con los demás, se abrieron tantas fuentes que tenía cerradas emocionalmente desde hacía muchos años, y ahora tengo que ser vulnerable, tengo que exponerme ante los demás, tengo que abrir mu-

chos puntos que tienen que ver con mi ámbito más personal...
pero solo en estos momentos en los que te abres, te expones
emocionalmente, de verdad, con tu corazón, tus sentimientos, la
gente se conecta de verdad contigo.

C.R.: Es el poder de la vulnerabilidad. Se ha percibido siempre
como algo negativo, pero si la silencias, porque piensas que te
hace débil, estás mutilando otras cualidades hermosísimas que
tienen que ver con la sensibilidad o con la capacidad de conectar
con el corazón de otras personas.

Entiendo lo que dices, cuando tú te expones emocionalmente
y cuentas una historia que significa mucho para ti, abres tu corazón y eso hace que sucedan cosas. ¿Qué cosas suceden?

M.K.: Pues yo lo que veo, siento y percibo es que, de repente, no
hay barreras, no hay distancia, no hay odio ni prejuicios. La
gente está abierta, totalmente, con el corazón abierto, y en este
momento se produce un cambio importantísimo, es como tocar
uno al otro el corazón. Cuando llegas a una persona que no conoces y pones tu mano en su pecho, en su corazón, y puedes
sentir su latido. Uno al otro.

C.R.: Es alucinante que pensemos lo mismo. Cuando se utiliza el
corazón se pone en marcha un tipo de inteligencia totalmente
diferente.

Lo que has comentado, sentir que entras en un modo de comunicación donde la distancia entre una persona y otra desaparece, es para mí la puesta en marcha de ese tipo de inteligencia
especial que te decía.

M.K.: Yo creo que cuanto más avanzamos en la tecnología más
nos alejamos del corazón.

C.R.: Pero ahora se convierte en indispensable que volvamos a él, porque ese es justo nuestro territorio. En el otro territorio estamos perdidos.

M.K.: Es el lugar desde el que tenemos que trabajar, y hablar de valores y de sentimientos y de educación emocional. Es el único campo que tenemos de verdad en nuestra mano, nuestra humanidad, que nos diferencia de las máquinas.

C.R.: A un nivel intuitivo lo sabemos; y ubicamos todos esos valores de los que hablabas (compasión, esperanza, coraje, amor, etc.) en el corazón. Las religiones, la poesía, las canciones, están llenas de referencias al corazón. Es la herramienta más poderosa de la que disponemos y necesitamos redescubrirla.

M.K.: Hay que actuar desde ahí, desde el amor, desde el corazón.

C.R.: Me gustó escuchar la historia de tu abuela, sobre cómo encontró la fuerza necesaria para sobrevivir a Auschwitz, y después volver a enamorarse, casarse, tener hijos, nietos... ¿De dónde sale esa fuerza?

M.K.: Al final somos los reflejos de nuestros padres, de lo que vemos y escuchamos en casa, de los valores que vivimos. Al investigar antes de escribir el libro, sobre cómo eran los padres de mi abuela, y cómo vivían, te das cuenta de cómo esos valores pasan a formar parte de tu forma de ser. Cuando eres niño eres capaz de salir adelante si tienes un examen. Y después salir adelante si alguien te llama judío sucio en el colegio. Y después cuando te mandan a vivir con dieciséis años a otra ciudad porque donde vives es peligroso. O cuando te separan brutalmente de tus padres cuando llegas a Auschwitz y no te queda otro camino que sobrevivir.

Yo creo que son las circunstancias de la vida más la mochila que llevas con todas las experiencias de tu infancia. Todas las palabras y todas las cosas que has visto cuando eras niño. Y esto es lo que te hace ser fuerte cuando creces. Solo después de publicar el libro y empezar a leerlo otra vez me di cuenta de lo parecidas que somos mi abuela y yo.

C.R.: Suelo decir que somos el resultado de los estímulos a los que nos hemos sometido a lo largo de nuestra vida. En este caso, son los valores que imprimes los que te hacen ser de una determinada manera.

M.K.: Todos los pequeños regalos que te dan papá y mamá durante la vida, que en ese momento no te da tiempo a desenvolver, y después, de repente, muchos años más tarde, los encuentras y empiezas a utilizarlos. Como algo que te da fuerza a ti y a quienes te rodean.

C.R.: Pero en general no nos enseñan a utilizar el corazón, al menos no de forma explícita.

M.K.: La mayoría de las personas están con el piloto automático desde que se levantan hasta que se acuestan. Yo siempre digo que si pudiera elegir ser un animal, sería un pájaro, porque me paso el día volando, veo cualquier situación que me pasa desde otra perspectiva, constantemente. A veces es cansado, porque es como meditar. Pero es mi manera de intentar interpretar mis sentimientos y los de los demás.

C.R.: Es una forma de ejercitar la empatía.

M.K.: Y mantener vivo al niño que tenemos dentro, y el sentido del humor.

C.R.: En la portada de tu libro hay una llave y un corazón. ¿Nos cuentas qué significa?

M.K.: Suelo hacer un ejercicio con el corazón y la llave en mis conferencias.

C.R.: ¿Cómo es ese ejercicio?

M.K.: Simplemente cogemos a la persona que está al lado, y pintamos, uno al otro, una llave sobre la mano. A veces la llave representa que tienes el poder de cambiar el mundo desde ti mismo, a veces es un regalo para abrir los ojos, otras veces es una invitación a abrir el corazón. Es un pequeño regalo con muchos significados. Por un lado ayuda a comunicar con una persona desconocida que está sentada a tu lado, lo que te obliga a tocar la mano de otra persona. Y como regalo te llevas una llave dibujada en tu mano. Todo empieza desde nosotros. Somos pura energía.

C.R.: Sí, somos un campo magnético. Nuestro estado de ánimo está codificado en nuestro latido, y está disponible para cualquiera que se anime a decodificarlo. Pienso que el corazón se ejercita poniendo en práctica sus cualidades. Si expresas tu amor, estás ejercitando el corazón. Si comunicas desde la vulnerabilidad, estás ejercitando el corazón. Se ejercita como cualquier otro músculo.

M.K.: Pues ya puedes abrir un gimnasio, Carlos. Un gimnasio del corazón, ¡vamos!

C.R.: Es una cosa que podríamos hacer juntos tras este libro.

M.K.: Triunfas, es que es tan necesario. Es como el agua, es que la gente lo necesita.

C.R.: Además, después del *headhunting* vendrá el *hearthunting*. Buscar personas que tengan una inteligencia del corazón brutal, porque cuando esa sea la ventaja del ser humano, lo que se buscará será precisamente eso, corazones en lugar de cabezas. La cabeza ya la pondrá la máquina.

M.K.: Hay que buscar corazones y hay que entrar dentro y provocar buenos sentimientos.

C.R.: Una persona con un corazón entrenado, que haya estado yendo a un gimnasio del corazón durante toda su vida, como Cipri, con quien hablaremos después, tiene un gran futuro por delante.

M.K.: El corazón tiene un poder… Yo empecé a darme cuenta en las conferencias, cuando tienes doscientas o trescientas personas escuchándote, y, de repente, conectas profundamente.

C.R.: Se trata de un modo de comunicación diferente. En mi caso no lo puedo movilizar siempre que quiero, pero al menos he aprendido a darme cuenta de cuando se pone en funcionamiento. Cuando estás en ese estado cuántico, si eres observador, como dices, te das cuenta de que estás movilizando algo diferente.

M.K.: Exacto. Además cuando comunicas algo desde dentro te quedas agotado. Feliz pero agotado, y luego te cuesta dormir. Es como cuando vas al gimnasio, te activas y luego te cuesta conciliar el sueño. Es bonito esto del gimnasio, ¿eh?

C.R.: ¿Montamos uno?

M.K.: ¿Y cómo lo vamos a llamar?

C.R.: El gimnasio del corazón.

M.K.: ¡Hecho!

Aprender de Cipri Quintas

Tras hablar con Meirav, descubrir que tenemos un montón de cosas en común, y antes de montar el gimnasio, quise aprender de un atleta del corazón. Así que quedé con Cipri.

Cipri Quintas es empresario desde los veinte años, ha creado más de 25 locales relacionados con el ocio y la restauración. En la actualidad es socio del Grupo Silk y de la empresa de marketing digital Valor de Ley, además de *business angel*, asesor, innovador social y un gran amigo de sus amigos (SEO de personas). En 2017 publicó *El libro del Networking*.

Meirav me había dicho que no hablara con Cipri por teléfono. Que le conociera en persona, que era una experiencia galáctica. Me contó que pensaba que era un extraterrestre al que habían dejado en la Tierra y que pronto vendrían a buscarle para llevárselo a otro planeta. Así que le hice caso y quedé con Cipri en uno de sus negocios, el Silk & Soya en Alcobendas. Con mi habitual capacidad para orientarme, llegué al Silk y era tan grande (1.500 m² de local) que no supe por dónde entrar. Después de rodear el centro comercial caminando, monté en un ascensor y al abrirse la puerta allí estaba Cipri esperándome, junto a unos sillones donde nos pasamos más de una hora charlando sin parar. Primero me entrevistó él a mí, para incorporarme en su big data de amigos (le gusta conocer a las personas para saber cómo ayudarlas), y luego yo a él.

C.R.: Hola Cipri, tu libro está lleno de referencias al corazón. ¿Nos hablas de networking del corazón y cómo se relaciona con el éxito?

C.Q.: Yo creo que todos nacemos con la capacidad de relacionarnos con éxito. Desde niños. Cuando somos pequeños y nuestros padres nos llevan a cualquier sitio, solo buscamos personas de nuestro tamaño con las que relacionarnos. Lo mismo no sabes ni hablar, pero eres feliz. Quieres abrazar, jugar, pasarlo bien. No haces ninguna radiografía de nadie. No te fijas en si es blanco o negro, tiene o dinero o de parte de quien viene. Y no tienes miedo. Vamos con el pecho descubierto. Y nacemos así. Por eso el hombre ha sobrevivido, porque somos gregarios. Nos juntamos para hacer cosas.

Pero a medida que nos hacemos mayores, los padres, que ya tienen unos miedos adquiridos, te los pasan a ti con el propósito de protegerte. Algo querrá, cuidado con éste, etc. Y nos los quedamos.

C.R.: ¿Y cómo podemos mantener vírgenes esas capacidades?

C.Q.: Todo se resume en tres letras. La mejor inversión que hay en la vida es invertir en el corazón de los demás. Esa palabra mágica de tres letras es «DAR». Si estás siempre pendiente de qué puedo darte, en qué puedo ayudarte, esa es la mejor manera de ayudarte a ti mismo.

Además de hacerte feliz a ti y a tu entorno, si esa actitud la consolidas como hábito, te convertirás en un gran empresario de personas. No hay nada mejor que invertir en el corazón de los demás.

En mi caso particular, no he escrito mi libro basado en ningún estudio. De hecho no me he documentado usando ninguno. Lo escribí basado en mi prueba y error, en el *big data* que me ha dejado la multitud de abrazos que doy.

C.R.: Te he escuchado decir que dar es orgásmico.

C.Q.: Claro. Dar es lo mejor. Es que no se acaba nunca. Es un pozo infinito, que excavas y vuelve a salir agua pura. Yo soy el hombre más feliz del mundo con «DAR». A veces tienes miedo, alguien te engaña, o no se comporta como sería de esperar, etc. Y para no olvidarme tengo un montón de trucos, por ejemplo este fondo de pantalla en mi móvil [me enseña la imagen de un prisma que recibe una luz blanca y proyecta un arcoíris]. Es la portada de un disco de Pink Floyd. Al tenerlo ahí y verlo tantas veces al cabo del día me recuerda que hay que proyectar siempre lo mejor de ti, aunque no tengas un buen día. Es un mensaje subliminal al subconsciente y al corazón.

C.R.: Sí, convertir en hábito las cualidades del corazón, y de esa forma ejercitarlo. Como en el gimnasio de que hablaba con Meirav.

C.Q.: Es espectacular Meirav, y su libro es fabuloso, es el libro que regalo a todo el mundo. Si te ejercitas y conviertes el bien en hábito será algo esencial en tu vida y la de tus seres queridos, y tendrá un gran impacto a la hora de tu crecimiento como persona. El gran paradigma de mi vida es que me la he pasado haciendo negocios sin buscar ninguno, simplemente cuidando a los demás.

C.R.: ¿Y cómo se ejercita esta actitud?

C.Q.: Me gustaría que incluyeras una cosa en el libro. Aquel que no ejercita la empatía es un vago. Se trata de ejercitar algo que ya tenemos de serie. Porque yo no he nacido con nada espectacular. Esto lo tenemos todos desde niños. Sácalo del baúl y no te quejes. Practica. ¡No escondas esta habilidad!

C.R.: Pero preferimos vivir en la queja.

C.Q.: Vivir en la queja es vivir en la mierda.

Yo siempre describo la queja como un colchón de mierda. Una especie de cama de agua pero con mierda dentro. Y tú estás encima. ¿Y qué ocurre con el gran colchón? Que vives en la queja todo el día. La gente se acerca, pero como estás en un colchón de mierda la gente lo huele y empieza a alejarse. Tú no te das cuenta porque a ti te huele bien.

Dios, muy inteligente, hizo que tu mierda no te oliera mal a ti mismo. Y deja de acercarse gente. Porque están hartos de lo peor de ti.

Así que muévete hasta caerte y alejarte del colchón, y salvarte de tu propia mierda.

C.R.: Es más fácil quejarse de lo que nos pasa que interesarse por cómo ayudar a la persona que tenemos enfrente. Tenemos que mover nuestro interés de nosotros mismos hacia el otro. ¿Por qué no nos hablan más del corazón?

C.Q.: La gente piensa que eres débil cuando hablas del corazón, desde el amor. Y es mentira. Lo que eres es más fuerte.

C.R.: La valentía es lo que comentaba con Meirav, exponerse a los demás, sentirse vulnerable, abrir tu corazón a otras personas.

C.Q.: Habría que crear una religión con un único mandamiento. Lucharás toda tu vida por tener un entierro inmenso, personas que acuden a llorar, de corazón, por el legado que has dejado. Eso es triunfar en la vida. Triunfar en la vida es que cinco años más tarde sigan hablándole a tus hijos de ti. Dejar legado es eso, convertirte en eterno, trabajar para ser eterno. Tener éxito es que te digan muchas veces te quiero.

En la vida hay que ser faro. Faro que alumbra, no que deslumbra. Mucha gente tiene luz, pero la utilizan para apuntarse a sí mismos, para que se les vea más. ¡Qué no! ¡Que los faros no son para alumbrarse a uno mismo, son para alumbrar a los demás!

C.R.: Siempre me gustó la frase «ser luz para los demás». Además provoca un efecto bumerán, que siempre retorna, como escuché decir a Nacho Villoch.

C.Q.: Otro grande, Nacho Villoch. La mejor inversión es esa, ayudar y cuidar a otras personas. En mi caso lo que hago es tratar de ocuparme de apuntar cosas sobre ellas, para ver cómo puedo ayudarlas [como hizo conmigo en nuestra entrevista]. Tengo un *big data* de amigos[55] y me ocupo de ellos, de darles todo el cariño del que soy capaz, felicitarles, ocuparme por su salud, por su familia, etc.

---

55. Su amigo el mago More le llama Cipredin en lugar de Linkedin.

C.R.: Eso, que parece tan sencillo, te convierte en alguien «distinto», en el extraterrestre que me decía Meirav, porque casi nadie lo ejercita de forma sistemática. Este capítulo es para recordarle al lector que la inteligencia más sofisticada del mundo, la que nos diferenciará de las máquinas, es a su vez la más sencilla y que la tiene a su alcance.

C.Q.: Meirav es otra extraterrestre, como tú, que os ocupáis de las personas. Eso no quiere decir que siempre lo consigamos, pero trabajar en ello nos hace felices. Hay muchísimos más extraterrestres, lo que pasa es que muchos lo ocultan. Y es importante recordar a las personas que no ejercitan esta forma de inteligencia porque no les sale de las narices. Porque a veces eres un vago, querido lector. Yo no sé inglés porque soy un vago. Ni corro más rápido porque no entreno. Pero lo tienes todo para ser feliz, y no solo eso, se trata de un deber. Tienes el deber de dejar un legado a los demás con los medios que tienes, que son más de los que tú te crees.

C.R.: ¿Y cómo impactará esta inteligencia en el futuro del trabajo?

C.Q.: El otro día fui a una conferencia con mucho público en la que se hablaban de todas estas cosas, inteligencia artificial, robótica, transformación digital, etc.

Cada vez que salía un ponente a contar algún caso en el que se habían automatizado procesos y se habían cargado un montón de puestos de trabajo aplaudían todos como locos. Cuantos más trabajos se cargaban más aplaudían.

Me tocó a mí el último, de cierre del congreso. Entonces salí y les dije: «Una pregunta, no os entiendo. Cuánto más gente se va a la calle, cuánto más actúa la inteligencia artificial y cuanto más dinero generais sin personas, más aplaudís. Y hay dos opciones, o sois muy tontos, y estoy seguro que no es así, o bien pensáis que sois los que vais a mantener vuestro puesto cuando os carguéis a todos los demás».

A veces somos muy burros. No paro de compartirlo conmigo mismo y con amigos a los que nadie se atreve a decírselo porque todos queremos quedar bien. La amistad es un deporte de riesgo. El riesgo está en no ayudar a los demás a ser mejores. Si te equivocas con tu apreciación pides perdón y te llevas un aprendizaje. No pasa nada por pedir perdón o decir «lo siento». Siempre es mejor que decir «te lo tenía que haber dicho» o «lo estaba viendo».

C.R.: Sobre la conferencia que comentabas, hay muchas personas hablando y escribiendo sobre por qué vamos a dejar de hacer falta, pero muy pocas ayudándonos a enfocarnos en lo que hará falta.

C.Q.: El mundo está lleno de «charlistas». Muchas veces soy yo uno de ellos sin darme cuenta. Respeto a todo aquel que ha hecho algo y lo comparte, pero hay que tener cuidado, el mundo está lleno de «*opinators*», que es como el tertuliano profesional. El «tertulianismo» y el «opinatismo» son terribles. Solo hay que compartir lo que has vivido. A las personas no les interesa que les cuentes lo listo que eres, sino cómo les puedes ayudar.

C.R.: Sí, hay que llevar el foco al otro, y utilizar algún kata mental o alguna técnica que nos lo recuerde. Sobre la exposición al «opinatismo», existe el riesgo de dejarnos llevar y regresar a la queja, al colchón de mierda que nos comentabas antes.

C.Q.: Muchas veces quemamos tiempo viendo en la tele a personas que no tienen nada que aportar, simplemente por evadirnos.

Y cambias de cadena y te encuentras a alguien hablando sobre un tema superinteresante pero que no sigue nadie. «Es que esto (lo de ver al que no tiene nada que aportar) me entretiene.» Y me pregunto, ¿por qué no has desarrollado el hábito de que te entretenga lo otro?

C.R.: Sí, los hábitos son una gran herramienta de revolución personal. Si convertimos en hábito comportamientos que nos hagan mejores, al cabo del tiempo, seremos mejores. ¿Cómo podemos ayudar a provocar cambios en los demás?

C.Q.: Al final, las personas estamos compuestas de amor y de miedo. Solo hay dos sentimientos, amor y miedo. Para ayudarles, solo hay que darles amor.

C.R.: Gracias, Cipri, me tomaré en serio el networking del corazón y al final del libro compartiremos una técnica demoledora para sustituir el miedo por amor.

¿Cómo ejercitar el cerebro del corazón?

Aunque nadie nos haya enseñado a utilizar el cerebro del corazón, sí que tenemos un conocimiento intuitivo de cuando el corazón toma el control a través de la manifestación de alguna de sus cualidades: pasión, coraje, amor, compasión, etc.

Por eso te recomiendo que ejercites el corazón buscando una **relación de correspondencia**: ejercita sus cualidades y trata de observar en ti mismo cuando el corazón toma el control.

Por ejemplo, a mí me gusta el *running* porque me permite entrenar una cualidad del corazón: el coraje. Siempre digo que no salgo a correr, salgo a entrenar mi voluntad, y pienso que esa voluntad emana del corazón. Cuando estás en el km. 35 de una maratón y a tu mente racional se le ocurren decenas de razones y molestias por las que abandonar, emerge una voluntad superior que las silencia y que te lleva hasta la meta. En ese debate interno entre distintos centros de toma de control, algunas veces el corazón/coraje se impone.

Si buscas la etimología de la palabra «coraje» encontrarás que deriva de *cor*, corazón en latín y ésta del griego *kardiá*, aun cuando se adaptó la palabra del antiguo franco «corage» al castellano. Tener coraje es sinónimo de tener valor, de «echar el corazón por delante».[56]

En un futuro del trabajo donde las máquinas gobiernen la mayoría de los procesos racionales, **el corazón será nuestra diferencia, el ingrediente secreto de nuestro antídoto.** Así que mi consejo es:

- Busca posiciones profesionales donde puedas ejercitar las cualidades del cerebro del corazón, sé consciente de ellas y ponlas en práctica de forma sistemática, en tu relación con tus clientes, compañeros, etc. Haz que tus interacciones con los demás sean memorables y ancladas en cualidades del corazón.
- Ejercita dichas cualidades también en tu tiempo libre, con tu familia y amigos, o mediante actividades de acción social, que te permitan entrenar tu generosidad, compasión y entrega a los demás.
- Practica la coherencia cardíaca y la sincronización entre el cerebro del corazón y el cerebro de la cabeza[57]. Existen

---

56. http://etimologias.dechile.net/?coraje

57. HeartMath: https://www.heartmath.com/es/ Si quieres saber más de esto se lo puedes preguntar a mi coach y amigo en coherencia cardíaca, Luis Gutiérrez.

diferentes técnicas-herramientas que permiten entrenar y monitorizar de forma cuantitativa el grado de coherencia en la comunicación entre cerebros.

- Pon tu corazón en todo lo que hagas, intenta dirigir desde el corazón, comunicar desde el corazón y diseñar tus productos con el corazón. ¡Atrévete a poner tu corazón por delante!

Carta de personaje:
«Corazón» (inteligencia del corazón)

SUPERPODERES

Defensivos:

- **Cura vigorosa.** Sistema de recuperación ante desastres. Si te ocupas de los demás (de corazón), los demás se ocuparán de ti (el mundo es un espejo).

- **Coraza roja.** 50% de resiliencia extra (coraje reforzado).

Ofensivos:

- **Latidodisparo.** Capacidad cuántica para mover el corazón de otras personas y conectar con ellas de manera memorable. 50% de sensibilidad extra, 50% de felicidad extra.

- **Superelectro cañón.** Poder magnético (los demás escucharán tu corazón y tú escucharás el corazón de los demás).

5

Déjales que crucen el valle inquietante

En el futuro próximo nos enfrentaremos a cuestiones inquietantes, o al menos que nos resultarán inquietantes. Titulé este capítulo así, el «valle inquietante», en honor a una teoría formulada en 1970 por el experto en robótica Masahiro Mori, que «afirma que cuando las réplicas antropomórficas se acercan en exceso a la apariencia y comportamiento de un ser humano real, causan una respuesta de rechazo entre los observadores humanos»[58]. El dichoso valle es el descenso en positividad en la reacción, tras la curiosidad inicial, que experimentamos a medida que el robot se acerca a su apariencia humana.

Experimenté esa sensación la primera vez que vi despertarse a Sophia[59], la robot humanoide creada por Hanson Robotics[60] e inspirada en Audrey Hepburn. Lo mismo ya la conoces, yo me la he encontrado hasta en la sopa, conversando con su creador, en una cita-entrevista con Will Smith, en el programa

---

58. https://es.wikipedia.org/wiki/Valle_inquietante

59. No te lo pierdas en: https://www.youtube.com/watch?v=LguXfHKsa0c&t=96s

60. http://www.hansonrobotics.com/robot/sophia/

de Jimmy Fallon, en la portada del *Times*, ¡hasta en un anuncio de agua⁶¹!

Cuando lees más sobre Sophia, te das cuenta que se trata más de una *performance* de marketing estilo *Lost* que de otra cosa, pero apunta a lo que, con el paso de los años, podría llegar a ser. E inquieta. Ve el vídeo sobre su despertar y luego me dices si te inquieta o no.

El estado del arte de la robótica lo puedes comprobar en cualquier evento de transformación digital, porque no eres nadie si en tu evento no hay un robot como presentador, un *Pepper* o sucedáneo. En el último evento en que estuve, el robot se perdió al entrar al escenario y no fue capaz de salir de detrás del atril. Tuvo que acudir una presentadora de carne y hueso en su auxilio. Y esto tiene que ver con la paradoja de Moravec, sobre la que hablaremos más adelante (en el capítulo sobre cómo convertirte en un «centauro») que afirma que «comparativamente es fácil conseguir que las computadoras muestren capacidades si-

61. https://www.diariodepontevedra.es/video/videos/primera-robot-ciudadana-sophia-protagoniza-campana-cabreiroa/201902251900291024194.html

milares a las de un humano adulto en tests de inteligencia, y difícil o imposible lograr que posean las habilidades perceptivas y motrices de un bebé de un año»[62]. Del mismo modo que te recomendaba que te alejaras del terreno de la máquina, las habilidades perceptivas y motrices son, todavía, un terreno muy humano.

En cualquier caso, más que un futuro de humanoides tipo Sophia, yo preveo, en el corto plazo, un futuro de algoritmos y datos, de máquinas sin cara ni ojos operando detrás de cada movimiento que hacemos. Una inteligencia detrás de la cortina, como el Mago de Oz. En el medio plazo, pienso que iremos hacia implantes o extensiones que aumenten nuestras capacidades, ya sea de forma invasiva o no invasiva. Este aumento de capacidades puede ir desde la posibilidad de leer nuestra mente en unas décadas[63], como afirma Rafael Yuste, el prestigioso neurobiólo-

62. Fuente Wikipedia.

63. https://www.elmundo.es/papel/lideres/2018/07/07/5b3fa10122601d942c8b4593.html

go español ideólogo del proyecto BRAIN[64], al uso de lentillas inteligentes[65] que nos muestren una realidad alternativa. Y eso también inquieta.

Mientras pensaba en este tema tuve la suerte de toparme con una entrevista a Mavi Sánchez-Vives que me encantó. Mavi es una de las investigadoras más prestigiosas en el estudio del cerebro humano, y pensé que sería muy interesante mantener una conversación con ella y compartirla contigo, así que aquí la tienes.

Aprender de Mavi Sánchez-Vives

Mavi es doctora en neurociencias, investigadora ICREA[66], miembro del Human Brain Project[67] (el proyecto europeo que tiene como objetivo reproducir tecnológicamente las características del cerebro humano), responsable del grupo de Neurociencias de Sistemas del Instituto de Investigaciones Biomédicas August Pi i Sunyer (IDIBAPS), profesora, y codirectora del grupo de realidad virtual EVENT Lab (Entornos Virtuales en Neurociencia y Tecnología) de la Universidad de Barcelona. Mavi coordina diferentes proyectos que tienen que ver con la actividad neuronal rítmica espontánea y con la representación mental del propio cuerpo mediante interfaces cerebro-ordenador, utilizando sistemas de realidad virtual.

---

64. Iniciativa de investigación colaborativa ideada por el neurobiólogo español Rafael Yuste y anunciada por la administración Obama el 2 de abril de 2013, con el objetivo de trazar un mapa de la actividad de cada neurona en el cerebro humano. Fuente: Wikipedia.

65. https://www.eldiario.es/tecnologia/Crean-lentillas-inteligentes-autonomas-aumentada_0_897660865.html

66. https://www.icrea.cat/

67. https://www.humanbrainproject.eu

C.R.: Mavi, ¿qué te parece si comenzamos hablando sobre el cerebro humano?, ¿cuándo piensas que lo conoceremos por completo?

M.S.: Es una pregunta complicada. Podemos hacer muchos avances. Ahora, entender el cerebro totalmente es casi inabarcable. ¿Cuándo lo conoceremos? Lo vamos conociendo cada vez más. Es como el paralelismo con el universo: ¿conocemos cada vez más el universo?, ¿podemos ver cada vez más lejos?, ¿llegar cada vez más lejos? Sí, pero, ¿cuándo vamos a entenderlo al 100%? Es imposible responder a esta pregunta, y yo con el cerebro lo veo igual. Pero eso no quiere decir que no podamos controlar muchos aspectos del cerebro. No hace falta tener un conocimiento al 100% para que podamos controlar actividad cerebral, controlar determinadas funciones, reemplazar ciertos circuitos con chips, hacer simulación cerebral, aumentar las capacidades del cerebro, etc. Todo eso es posible sin que se tenga un entendimiento completo del cerebro.

C.R.: Entiendo que será un entendimiento por inferencia, en base a la lectura que podamos hacer de lo que nos está pasando cuando nos sometemos a determinados estímulos.

M.S.: Claro, hay muchas formas de abordar el estudio del cerebro. Por un lado, se puede intentar estudiar todo lo que ahora se llama *conectoma*, que es cómo es toda la conectividad del cerebro. En ese aspecto hay un cambio de paradigma, que consiste en un abordaje más sistemático, más coordinado entre grupos, o, si uno quiere, más industrial, en el sentido de que, gracias a todos los avances computacionales que conocemos asociados con el manejo de grandes volúmenes de datos, cada vez hay más recursos compartidos, almacenes en la nube de datos sobre el cerebro, etc., que permite un trabajo más coordinado entre muchos grupos.

Una característica de los estudios en neurociencia en general es que, si bien se han hecho muchos avances, muchos de los descubrimientos se han hecho por parte de grupos pequeños, y ha resultado en un exceso de la fragmentación del conocimiento. Ahora es un buen momento porque el poder computacional es mucho mayor y porque han surgido muchas grandes iniciativas coordinadas en diferentes países. En Europa está Human Brain Project, en EE. UU. está The Brain Initiative[68], en China tienen su proyecto, Japón también, Australia, Israel, etc., cada uno con un foco determinado. Esto supone que grandes bases de datos estén accesibles y compartidas para su estudio, para que muchos neurocientíficos, tanto teóricos como experimentales, puedan trabajar de forma coordinada en ellas, y esto es un cambio de paradigma en la historia del estudio del cerebro. Incluso contamos con iniciativas de ámbito privado, como el Allen Institute[69], en Seattle, donde están tratando de hacer un mapa con todas las conexiones del cerebro.

C.R.: ¿Y cuál es el objetivo, Mavi? Parece una pregunta ingenua, pero tengo curiosidad, ¿qué perseguimos investigando el cerebro?

M.S.: En realidad el objetivo final es conocernos a nosotros mismos, entender la naturaleza humana. Y por supuesto entender y resolver las patologías cerebrales. En cuanto a las iniciativas que he mencionado, cada una de ellas se concentra en aspectos diferentes. Por ejemplo, Human Brain Project quiere crear grandes plataformas para el estudio del cerebro, que incluyen modelos de funcionamiento cerebral multiescala y un almacenamiento sistemático de datos cerebrales en grandes almacenes de imagen,

---

68. https://braininitiative.nih.gov/
69. https://alleninstitute.org

electrofisiología, fisiología celular, etc. O sea, datos, modelos y simulaciones, con la idea de que podamos hacer futuros experimentos en modelos computacionales en lugar de en modelos biológicos.

C.R.: El objetivo entonces es compartir modelos computacionales sobre los que aplicar algoritmia e inteligencia artificial y extraer conclusiones.

M.S.: Y hacer predicciones para posteriormente testarlas en cerebros biológicos. The Brain Initiative, por ejemplo, está centrada en obtener datos funcionales de cuantas más neuronas mejor y poder ver la actividad de mucha población neuronal simultáneamente. La iniciativa japonesa está estudiando el cerebro de un mono, el marmoset[70], desde todas las perspectivas, anatómicas, fisiológicas, función, imagen, conexión, es decir, vamos a intentar coger un cerebro más sencillo que el humano y estudiarlo de una forma sistemática. Digamos que existe una filosofía común, de estudio coordinado, pero con objetivos diferentes.

C.R.: No sé si estás de acuerdo conmigo, pero encuentro cierto paralelismo con la evolución de la psicología, que nació para tratar patologías mentales, hasta que maduró y descubrió que también podía ayudar muchísimo a la gente «sana», y nació el movimiento de la psicología positiva. ¿Ocurrirá aquí algo similar? ¿Empezaremos primero sanándonos y progresivamente buscaremos aumentarnos?

M.S.: En investigación básica se trabaja en aprender cómo funciona el cerebro, y es la investigación clínica en neurociencias la

---

70. Primate de tamaño diminuto, con un cerebro del tamaño de un roedor.

que busca aplicar ese conocimiento a solventar problemas, porque las patologías neurológicas y neuropsiquiátricas tienen una prevalencia muy alta, y afectan aproximadamente a un cuarto de la población en algún momento de su vida. El objetivo principal siempre es intentar resolver las patologías. Pero, como tú bien dices, una vez que existe el medio y que existe la tecnología, esto puede resultar en la mejora de las capacidades de las personas sanas, y esto es algo que se está planteando ahora: aquellas soluciones que se pueden encontrar para enfermedades neurodegenerativas, o para prevenir el envejecimiento del cerebro y para mejorar la función cerebral, pues llega un momento en que se puede pasar a utilizar para mejorar a las personas sanas.

C.R.: Además de corregir patologías y frenar el envejecimiento cognitivo, ¿qué otras capacidades podríamos aumentar?

M.S.: Hay mucho interés en mejorar todos los aspectos de la función cerebral: la memoria, acelerar el aprendizaje y estabilizar lo aprendido, disminuir el tiempo de reacción, etc., a través de, por ejemplo, estimulación eléctrica cerebral o estimulación farmacológica. También se pueden generar sentidos nuevos, por ejemplo.

C.R.: Me gustaría profundizar en lo que se podría hacer. Por ejemplo, si tratamos al cerebro como a una red neuronal artificial gigante, ¿podríamos abrir el cerebro (metafóricamente) y someterlo artificialmente a un conjunto de estímulos que lo modificara? ¿Como en *La naranja mecánica*? O estoy diciendo una tontería...

M.S.: Bueno, son cosas que uno puede imaginar, pero el cerebro funciona muchas veces de forma paradójica, hasta que no se demuestra que el efecto es el pretendido, es difícil estar seguro de que el efecto no va a ser negativo. Por ejemplo, nos gusta mucho que haya plasticidad cerebral en el adulto, porque ahora ya sabemos que no solo es plástico en la niñez, sino que hay generaciones de neuronas nuevas en la edad adulta y que existe un grado de plasticidad considerable. La plasticidad está en la base del aprendizaje, y por tanto nos gusta mucho que el cerebro de los adultos sea «plástico». Ahora, imagina una pastilla que aumenta muchísimo la plasticidad. Puesto que nuestros recuerdos están almacenado en sinapsis que requieren una cierta estabilidad, si todo es plástico permanentemente nada se mantendría. Es decir, si queremos mantener nuestra identidad, mantener los recuerdos, etc., no puede haber una plasticidad ilimitada. Es decir, debe haber especificidad en el efecto.

C.R.: Podrías romper cosas.

M.S.: Puedes pensar que es estupendo hacer estimulación eléctrica cerebral porque va a aumentar la plasticidad y los cambios en las conexiones, y, por tanto, vas a aprender más. Pero, ¿y si mientras lo haces estás desconectando y perdiendo otras cosas? Hay que ser cauteloso y creo que es un mensaje que es importante que a la gente le quede claro. Es verdad que quizá podríamos aprovechar el cerebro mejor, no lo sé, pero no sabemos si hacer una estimulación masiva va a dar ese resultado.

C.R.: Me parece curioso que una autoridad en el estudio del cerebro como tú admita que no sabemos si podríamos aprovecharlo más. Me recuerda la anécdota sobre Ignacio Cirac y el futuro de la computación cuántica que contaba Javier Sirvent en el capítulo sobre el gato de Schrödinger. ¿Somos todavía tan grandes desconocedores del cerebro?

M.S.: Por eso a mí me preguntan muchas veces, ¿cuándo vamos a conocer completamente el cerebro? [Risas] Es que no podemos responder a eso. Podemos conocer algunos aspectos y eso puede suponer una enorme diferencia.

C.R.: ¿Y estamos cerca de un punto de inflexión con toda esa capacidad de computación y de datos para ser procesados?, ¿se espera un avance significativo en la próxima década?

M.S.: A mí me sorprendería que en la próxima década hubiera un cambio radical en el conocimiento del cerebro, y eso que soy una persona bastante optimista y estoy involucrada en iniciativas internacionales que tienen justo ese objetivo. Sin embargo, conociendo cómo es el estudio del cerebro, me cuesta pensar en un cambio radical pronto. Lo que sí se producirán son cambios que a la vista del público sí que lo son, sí que son muy radicales.

C.R.: ¿Como por ejemplo?

M.S.: Bueno, a la gente le fascina y hay mucho interés en todo lo que tiene que ver con la comunicación cerebro-ordenador, por ejemplo. En esos aspectos hay muchos avances, la interfaz entre un cerebro y un ordenador requiere leer la actividad cerebral y en eso sí que hay avances muy grandes. Cada vez podemos utilizar más electrodos en el cerebro y a la vez contamos con capacidad computacional para analizar más señales simultáneamente. Es posible que surjan metodologías no invasivas que a través de luz, frecuencias, «neural dust» (polvo neural), o no sabemos aún cómo, nos permitan leer actividad cerebral y actuar sobre ella. En este campo sí que pueden darse grandes avances.

C.R.: Si lo entiendo bien, lo que nos dices es que, aunque a nivel científico los avances no sean disruptivos, en lo que tiene que ver con la aplicación práctica de lo que se sabe, sí que veremos cambios muy visuales e impactantes.

M.S.: Exacto. Por ejemplo, se ha publicado un trabajo bastante extenso en *Nature* sobre la lectura de áreas del cerebro donde se procesa lenguaje y cómo se puede pasar de esa actividad cerebral a generar palabras. Obviamente, eso es algo muy llamativo y que pasa a las noticias de interés general, pero la base científica ya existe. Puede no ser un avance desde el punto de vista científico y conceptual pero se traduce en algo impactante en la sociedad. O, por ejemplo, grabar información visual y transmitírsela a la corteza visual mediante estimulación, de forma que el cerebro pueda recrear lo que está viendo. Eso mejorará mucho porque se está mejorando en cada uno de los pasos. Los que trabajan en micro o nanoelectrónica están generando mejores microtransistores, la estimulación cerebral mejora, la codificación de la información de la cámara mejora, es decir, va a mejorar porque toda la tecnología que está implicada en el proceso está mejorando cada día. Pero la interacción cerebro-ordenador ya está disponible hoy día, ya sabemos cómo funciona. El prototipo ya existe, así que desde un punto de vista científico eso no es entender mejor lo que ya entendemos.

C.R.: Aunque a nivel científico no se prevean grandes saltos, a nivel práctico, en la calle, dentro de unos años, es posible que podamos comunicarnos pensando en palabras o que podamos insertarnos realidades alternativas en nuestra corteza visual.

M.S.: Sí. Yo lo que no creo es que ni en una década ni en dos se vayan a hacer implantes cerebrales de electrodos en personas sanas. Salvo que se desarrollen, que está por ver, formas de estimular el cerebro con alta resolución espacio-temporal que sean no invasivos, es decir, que no requieran cirugía. Porque pienso que no es aceptable ni ético, porque tiene muchos riesgos, abrir la cabeza a una persona sana y hacerle una craneotomía para colocarle un implante invasivo. Esto solo es aceptable en caso de que haya una patología que justifique el riesgo/beneficio.

C.R.: Yo creo que eso irá por barrios...

M.S.: Bueno, lo que sí puede ser y se está investigando mucho es hacer ese tipo de estimulación y lectura de la actividad cerebral de forma no invasiva. En eso están trabajando Facebook, Google, Tesla... en crear laboratorios que avancen en la interacción cerebro-ordenador, de diferentes maneras, desde luz hasta radiofrecuencia. Si lees la actividad cerebral ahora mismo con una tecnología no invasiva, como es el electroencefalograma, la resolución espacio-temporal es muy pobre. No es lo mismo pensar una palabra, que requiere mucha resolución espacial, que pensar «sí» o «no», «adelante» o «atrás», eso es muy fácil y con un par de electrodos lo tienes. Sin embargo si quieres conducir un camión con el pensamiento necesitas miles de electrodos. Para eso, hoy por hoy, necesitarías un implante.

C.R.: Eso entiendo que irá evolucionando rápido también con el desarrollo de la tecnología.

M.S.: En el momento en el que se pueda leer y estimular la actividad cerebral con mucha resolución espacio-temporal de forma no invasiva, pues eso sí que será un cambio muy llamativo. La interacción con el cerebro va a ser mucho más fácil y va a proporcionar una herramienta para entender el cerebro un poco mejor.

C.R.: Lo que pasa es que todavía es rudimentaria e irá ganando en resolución.

M.S.: Es rudimentaria, efectivamente. La no invasiva es muy rudimentaria, básicamente puedes dar cuatro órdenes, pero sería suficiente como para mover una silla de ruedas, por ejemplo. Aunque hoy todavía nadie se subiría en una silla de ruedas conducida con el pensamiento, no sería muy seguro. Todavía no es lo suficientemente robusto.

C.R.: Y pensando en el valle inquietante. Algunos de estos cambios van a provocar muchos debates y resistencias en su adopción. ¿Crees que en todo lo que tiene que ver con lo que se podría hacer con el cerebro vamos a experimentar una repulsión? Porque potencialmente podríamos saber en qué está pensando una persona y, no sé si incluso, silenciar de forma artificial algún pensamiento o sobreestimular alguna región con tecnología. A lo mejor estoy diciendo una tontería, pero cuando alguien vea que puede pensar en una palabra y que aparezca en una pantalla, ya sabe que podrían leer de alguna manera su pensamiento para otro fin. Como ahora utilizan otros datos, ¿por qué no se podría utilizar lo que pensamos?

M.S.: Bueno, es que ese es uno de los grandes miedos que existen. Estamos ahora mismo con una regulación de la protección de datos que es muy estricta. El otro día fui a recoger a un conferenciante al hotel y me dijeron que no le podían llamar a la habitación porque no podían revelarme si estaba o no. Es decir, estamos, por un lado, en una situación en la que la protección de datos es tan extrema y, por otro, lo más íntimo que tenemos, que es nuestro pensamiento, podría ser legible en unos años.

C.R.: Exacto, esa es justo la palabra que iba a utilizar, íntimo. El pensamiento es muy íntimo. Si la tecnología pudiera desvelar lo que estamos pensando, aunque sea muy intrusivo al principio y hubiera que ponerte un casco... alguien podría ponerte un casco y saber lo que piensas, y eso es inquietante.

M.S.: Sí, es así. Yo creo que, como en todo, se va tolerando de forma progresiva más y más, y se puede ir cediendo en esa intimidad. Es difícil saber cómo las generaciones futuras la van a percibir, pero obviamente ya detectamos grandes cambios en la intimidad que se comparte en las redes sociales...

Toda la intimidad que hemos conocido en el siglo xx será impensable en este siglo, por ejemplo, vamos asumiendo que nuestra posición en cada momento es pública de alguna manera. Lo mismo posiblemente ocurra con la información genética y con la información cerebral. Siempre se empieza de forma muy progresiva y se va cediendo esa intimidad a cambio, generalmente, de seguridad y protección, y a la vez se va aceptando que es así. Los científicos somos siempre muy cautelosos y muy moderados, pero me parece que no es impensable que se pueda leer la actividad cerebral, al menos de forma general; no tanto se podrá detectar si estamos pensando en alguien, pero sí el estado cerebral, el grado de excitación o dolor, y con la inteligencia artificial la interpretación de los patrones de actividad cerebral avanzará rápidamente...

C.R.: ¿Para cuándo un gadget para el cerebro?

M.S.: Ya los hay, por ejemplo una especie de cinta que te pones alrededor del cerebro, que tiene electrodos de lectura de actividad cerebral y su propio procesador, y que sube a la nube toda tu actividad durante el sueño. En Francia se comercializó y en pocas semanas vendieron decenas de miles.

C.R.: Sí, yo ya probé algunos gadgets para medir la coherencia entre el corazón y el cerebro, todavía muy rudimentarios, pero seguro que evolucionarán rápido. Mavi, me gustaría preguntarte algo más filosófico. Si al final descubrimos que el cerebro es como una gran, compleja y predecible máquina, ¿dónde quedaría la libertad?, ¿somos tan libres como pensamos?

M.S.: Yo creo que la libertad es una sensación subjetiva. Lo que elegimos, lo que somos, está bastante predeterminado por nuestra genética, nuestros circuitos neuronales, y por nuestro estilo de vida, que afecta a nuestra epigenética. Pero seguimos teniendo esa sensación subjetiva de que podemos elegir, y yo creo que se preservará. Ya sabemos que nuestro cerebro está determinando en gran medida el que seamos de una forma o de otra, y eso no evita el que sigamos considerando que, si alguien ha cometido una acción atroz, siga siendo responsable de su acción. De momento sigue siendo compatible y pienso que durará bastante tiempo. Obviamente es una pregunta filosófica a la que es difícil responder de forma absoluta, aunque creo que como la sensación de libertad de acción es subjetiva, es difícilmente discutible.

C.R.: Lo que sí creo es que tenemos arriba una gran red neuronal, que es moldeable, y una vez que lo comprendes, que comprendes cómo funciona, puedes elegir someterte a los estímulos que la modifiquen en la dirección que tú quieres. ¿Quién quiero ser dentro de cinco años? Siempre digo que el estímulo contiene el resultado. Y cuando te expones a un conjunto suficiente de estímulos tu sistema va cambiando. Para mí la libertad está ahí, en la voluntad de someterte a los estímulos que van a dirigir tu cambio.

M.S.: Estoy de acuerdo con eso, hoy en día no solo se conoce la genética sino también la epigenética, y la epigenética nos dice que el estilo de vida hace que los genes se expresen de una forma o se expresen de otra. Nuestro ser no viene determinado exclusivamente por nuestros genes. Con el cerebro pasa un poco lo mismo, uno elige su estilo de vida, elige sus estímulos, por ejemplo hacer actividad física, que ahora mismo sabemos que tiene una influencia sobre la función cerebral que es muy positiva, desde niveles enzimáticos hasta niveles de riego cerebral, oxigenación cerebral, etc. Es decir, que se puede actuar de muchas formas, por ejemplo aprendiendo cosas nuevas, no teniendo una vida pasiva, etc. Ahora, el que decidas hacer ese tipo de cambios o no puede que en parte venga determinado por cómo eres.

C.R.: Se trataría de adquirir la consciencia de que puedes modificarte, que puede venir de ti mismo o de alguien de tu entorno.

M.S.: Exacto, yo creo que esa idea ha calado bastante. El hecho de que, como ya decía Ramón y Cajal, somos moldeadores de nuestro cerebro.

C.R.: Sí, podemos ser nuestros arquitectos.

M.S.: Influimos en cómo es nuestro cerebro. Eso tiene también un aspecto positivo y uno negativo. Está muy bien tener esa visión proactiva de nuestro cuerpo y de nuestro cerebro, pero hay que evitar, y creo que es un mensaje importante, culpabilizar a la gente de sus propias patologías. La idea de que somos totalmente creadores de nuestro cerebro, creadores de nuestra salud, etc. nos puede llevar a descuidar o culpabilizar a la gente que tiene enfermedades.

C.R.: Sí, totalmente de acuerdo, no se trata de culpabilizar sino de ayudar a moldearlo de la mejor manera posible. Y sobre esa libertad de la que hablábamos, que tiene su origen en la voluntad, yo tengo la teoría de que es el cerebro del corazón el que ayuda a que haya más espacio para la libertad. A veces, si te observas con atención, puedes descubrir que en tu interior se libra una batalla cerebro-corazón en la toma de decisiones. Todavía no lo comprendemos, pero quién sabe, lo mismo escribimos otro libro juntos sobre este tema. [Risas]

M.S.: Yo la parte del cerebro del corazón no la conozco, aunque entiendo que el corazón, al igual que el intestino y todo el sistema autónomo, tienen su inervación autonómica que es importante. Ahora, en qué medida esto afecta es más difícil de estimar. Hay mucha interacción del cuerpo con el cerebro, esto sí que lo sé bien porque trabajo en cognición y representación corporal en realidad virtual, y soy consciente de la influencia tan grande que tiene el cuerpo en el cerebro y en nuestras respuestas a todos los niveles (fisiológico, psicológico, corporamental, emocional, etc.).

C.R.: Gracias, Mavi, me gustó mucho charlar contigo y seguro que a nuestros lectores les encantó escucharte. Seguiremos con interés tu investigación.

¿Cómo te ayudará el valle inquietante?

Todo lo que hemos comentado con Mavi sucederá tarde o temprano, pero las potenciales implicaciones inquietantes de alguna de sus aplicaciones (por ejemplo leer la mente) nos llevarán a debatir; y debatir, ponerse de acuerdo, regular, legislar, etc. es igual a tiempo.

Por tanto, aunque el problema científico en cuestión esté resuelto, se conozcan sus posibles aplicaciones, sea factible llevarlas a cabo, y todas las piezas que intervienen en el proceso estén mejorando exponencialmente por el efecto de la tecnología, el valle inquietante retrasará la aplicación de muchas de estas innovaciones. Esto no quiere decir que las aplicaciones sean malas o que no puedas beneficiarte de ellas. La bondad o maldad siempre vendrá determinada por el uso y por las motivaciones que se escondan detrás de su uso.

Si la RGPD[71] ha sido traumática para muchas compañías y sus bondades están por llegar, imagínate regular la lectura o estimulación de la mente, o yendo a la idea inicial del valle inquietante, prepararse para el abordaje de humanoides tipo Sophia dispuestos a asumir funciones humanas, como cuidar a personas en situación de dependencia.

Tampoco hay que escandalizarse, como decía Mavi, y como comentábamos en el gato de Schrödinger, no podemos pretender imaginar cómo nos sentiremos viendo el mañana con la mente de hoy. Imagínate qué pensaría una persona hace quinientos años sobre un marcapasos, un audífono o una lentilla. El ser humano lleva aumentándose toda su historia y el futuro no será una excepción, solo que no será solo una aumentación física como venía siendo hasta ahora, sino también cognitiva, y no responderá solamente a cuestiones patológicas, sino también de mejora de la especie.

Mi recomendación es **no ponerse en plan «ludita»**[72] (como los artesanos ingleses del siglo XIX que comenzaron una guerra contra las máquinas que amenazaban con destruir su empleo) sino optar por ser parte de esta gran aventura y **abrazar la inquietud**. Estamos viviendo **una de las épocas más interesantes de la historia de la humanidad,** un auténtico paraíso para cualquier persona con curiosidad. Hablaremos más de la curiosidad en su dimensión polímata en el próximo capítulo.

---

71. Reglamento General de Protección de Datos (RGPD).
72. https://es.wikipedia.org/wiki/Ludismo

Carta de personaje:
Valle inquietante

SUPERPODERES

Defensivos:

- **Onda mental gélida.** 50% *extra time*. Capacidad para contener momentáneamente la adopción de una tecnología por efecto rechazo, ya sea antropomórfico (el famoso valle) o porque amenace nuestra intimidad o nuestro estilo de vida.

6

Explota tu polimatía

El 30 de noviembre de 2017, 3M y Deusto Business School me invitaron a dar una conferencia en un evento sobre polimatía[73], que para mí supuso un cambio radical en mi forma de entender el potencial de este concepto.

Por si no estás familiarizado con el término, la polimatía es la capacidad de alcanzar la excelencia en dos o más áreas de conocimiento. La primera persona que se nos viene a la cabeza cuando hablamos de polimatía es Leonardo da Vinci, el arquetipo de polímata, un hombre del Renacimiento que dominaba diferentes áreas del saber en las ciencias y las artes.

La mayoría de los filósofos de la antigüedad eran polímatas. Por ejemplo, ¿qué era Aristóteles?

Si le buscas en Wikipedia[74], no hace referencia a él como filósofo, sino como polímata. Aristóteles escribió alrededor de doscientos tratados sobre lógica, metafísica, filosofía de la ciencia, ética, filosofía política, estética, retórica, física, astronomía y biología.

---

73. En el que se presentaba un informe realizado por Paco Bree, Ivan Soto, Fares Zeidá, José Antonio Cano y Nacho Villoch. Puedes descargarlo completo en: https://engage.3m.com/que_es_la_polimatia?WT.mc_id=www.3m.com.es/polimatia

74. https://es.wikipedia.org/wiki/Arist%C3%B3teles

¿Y Pitágoras? Aunque Wikipedia le etiqueta como el primer matemático puro, Pitágoras se interesó también por la medicina, la cosmología, la filosofía, la ética, la música, o la política.

Si no sabes si son matemáticos, astrónomos, físicos, políticos, inventores, músicos, historiadores o retóricos... ya sabes, ¡son polímatas!

Ya había tratado este tema, por casualidad, en mi libro *Influencers*. En aquel momento estaba muy interesado en la hiperespecialización y los nichos, que se transformó en el libro en «¡hiperespecialización polímata!». Suena rococó pero es tan simple como buscar la autenticidad en las intersecciones entre distintas parcelas de conocimiento. Y, te preguntarás, ¿para qué?

Pues con el propósito de construir una posición de marca personal única, dirigida a audiencias de nicho hiperespecializadas con las que compartes intersección de intereses.

Este enfoque está en línea con la necesidad de combatir la Singularidad con «singularidad» que ya vimos con Dean, aunque solo lo aborda desde el prisma del marketing digital.

En este capítulo daremos un paso más, y trataremos de dar respuesta a dos interrogantes: por qué dominar varias disciplinas es clave para innovar (y cómo nos diferenciará de las máquinas), y, por qué lo anterior nos lleva a pensar que los polímatas serán los profesionales más demandados en la nueva era digital.

Para llegar hasta ahí, necesitaremos aclarar algunos puntos previos, como qué es la creatividad, y si las máquinas tienen (o tendrán) capacidad para desarrollarla.

Si me conoces, sabes que la creatividad es una de mis grandes pasiones. Suelo definirla como la capacidad de dirigir el pensamiento en múltiples direcciones mediante la manipulación o combinación de «símbolos». El pensamiento simbólico, que articulamos a través del lenguaje, aunque no exclusivamente a través del lenguaje[75], es nuestra principal herramienta para construir un mundo nuevo a partir de los símbolos del viejo, que son combinados de una manera diferente. Siempre digo que la creatividad es combinación, y que, a pocos símbolos, poca creatividad. De ahí la importancia del conocimiento, la diversidad, la memoria (para atesorar símbolos), y, por tanto, la polimatía.

Si tu mundo es pobre en símbolos, las alas de tu imaginación serán pequeñas y volarás bajo. Si, en cambio, profundizas en distintas parcelas de conocimiento y haces crecer tu pensamiento simbólico, tus alas serán grandes y fuertes, y tu potencial creativo se multiplicará.

Las máquinas también manejan símbolos, aunque debajo haya una compleja maraña causal subsimbólica. Los manipulan y los combinan con una capacidad de abstracción y de cálculo superior a la nuestra (y exponencialmente creciente). Su dominio sobre nosotros, en lo que a pensamiento simbólico se refiere, es indiscutible.

¿Podrán las máquinas ser creativas?

¡Malas noticias! Las máquinas ya son creativas, y, cada día, lo serán más. Como dice el futurista Andrew Zolli: «en el siglo XXI todo lo que pensamos que una máquina puede hacer, lo hará».

Hoy en día (no es ciencia ficción), las máquinas pueden componer canciones, pintar cuadros como Rembrandt[76], escribir poesía[77], crear campañas publicitarias, redactar noticias, o inclu-

---

75. También podemos combinar imágenes o cualquier otra sensación procedente de los sentidos, que son las puertas de la percepción y, por tanto, de la creatividad.

76. https://www.nextrembrandt.com/

77. Un ejemplo es el poemario chino «La luz solar se perdió en la ventana de cristal» creado por el software Xiaoice, que generó 10.000 poemas en 2.760 horas. La publicación recoge una selección de los 139 mejores.

so ¡inventar historias![78], competencias que parecían restringidas al genio humano.

El potencial creativo de las máquinas está creciendo a tal ritmo, que se ha acuñado la expresión «creatividad computacional» (o «creatividad artificial») como la disciplina que se dedica al desarrollo de sistemas que muestran un comportamiento que sería considerado creativo en seres humanos. Es como el test de Turing[79] aplicado a la creatividad, y trabaja en la intersección entre la inteligencia artificial, la psicología cognitiva, la filosofía, y las artes.

La buena noticia para nuestra sostenibilidad profesional en el corto plazo es que todavía las inteligencias artificiales son «débiles»[80].

¿Qué significa que una inteligencia artificial sea débil o fuerte?

La diferencia entre una inteligencia artificial débil y una fuerte, es que la débil se centra en una única tarea y está orientada a resolver el problema concreto para el que ha sido diseñada, mientras que la fuerte puede ejecutar acciones generales inteligentes, propias del ser humano, como resolver problemas abiertos, ser flexible y aprender nuevas tareas para las que no ha sido diseñada.

Estas últimas solo las hemos visto en las películas (de momento).

---

78. https://www.mckinsey.com/industries/media-and-entertainment/our-insights/ai-in-storytelling

79. El test de Turing (o prueba de Turing) es una prueba de la habilidad de una máquina para exhibir un comportamiento inteligente similar al de un ser humano o indistinguible de este. En el caso de que el evaluador no pueda distinguir entre el humano y la máquina acertadamente la máquina habría pasado la prueba. Esta prueba no evalúa el conocimiento de la máquina en cuanto a su capacidad de responder preguntas correctamente, solo se toma en cuenta la capacidad de esta de generar respuestas similares a las que daría un humano. Fuente: Wikipedia.

80. https://es.wikipedia.org/wiki/Inteligencia_artificial_d%C3%A9bil

Que una inteligencia sea débil no quiere decir que sea inútil ni simple. Puede haber sido diseñada para dar respuesta a un problema complejo, desde jugar al ajedrez o al Go (y ganar a los mejores del mundo), hasta anticiparse a un proceso de metástasis, detectar el estado de ánimo de una persona a partir de una imagen o clasificar de forma automática millones de documentos. Aquello que sea lo que haga, lo acabará haciendo mejor que tú.

Y bien, ¿entonces cómo compito con «las débiles» y de qué me sirve la polimatía?

Te lo cuento con una anécdota personal.

La primera tesis que abandoné era una intersección entre la inteligencia artificial y la filosofía. Había realizado un doctorado en ambas cosas por separado, y encontré un tema que guardaba relación con las dos. Mi director de tesis me dio un consejo de zorro intrépido. Me dijo: «si en el tribunal te hacen pasar apuros con temas de inteligencia artificial, te los llevas a la filosofía, y si te arrinconan en la filosofía, ¡les hablas de inteligencia artificial!».

¡Eso justo es lo que necesitamos para diferenciarnos de una inteligencia artificial débil! Puede saber más que nosotros sobre Budismo *Hua-yen*, por ejemplo, porque haya sido entrenada con el texto completo del Sutra *Avatamsaka*[81] y responder a cualquier pregunta sobre su contenido sin pestañear. Lo que no hará será encontrar una conexión entre la esencia de una de sus metáforas y los modelos causales de otra disciplina, en otro dominio totalmente distinto, como la física cuántica, la metafísica de procesos, o la propia inteligencia artificial. En este caso, todos los dominios anteriores, *Hua-yen*, física cuántica, metafísica de proceso o redes causales están interrelacionados.

---

81. Un famoso Sutra indio del que hablaremos al final, en torno al cual se desarrolló el *Hua-yen*.

Ese es nuestro superpoder de momento. La capacidad de dominar ámbitos «estancos» distintos (en apariencia) entre los que podemos establecer conexiones de valor. Por eso la polimatía es una ventaja competitiva del ser humano como especie sobre las inteligencias artificiales débiles (¡podemos con ellas!), porque nos permite saltar con nuestro pensamiento de un dominio a otro, y traer elementos que enriquezcan nuestra aproximación versus la de un enfoque monolítico.

Hasta aquí hemos visto qué es la creatividad, por qué las máquinas también son creativas (y lo serán más), qué diferencia una inteligencia artificial débil de una inteligencia artificial fuerte, y por qué la polimatía es una importante ventaja competitiva. Para profundizar, charlaremos con un amigo polímata, Nacho Villoch.

Aprender de Nacho Villoch

No sabría definir muy bien a Nacho (suele ocurrir con los polímatas). Es amante de los viajes y la aventura, especialista en marketing e innovación, ha vivido y trabajado en 4 continentes — desde Singapur y Hong Kong a Paraguay y Bolivia, pasando por Lisboa, Nueva York y Miami, es autor de *La aventura de Diana*, que fue recomendado por Expansión como uno de los diez libros que leer si buscas un cambio de carrera[82], y también es mentor y promotor de distintas comunidades y proyectos de emprendimiento.

C.R.: Nacho, me gustaría que compartieras con nosotros tu historia personal. ¿Cómo has combinado viajes, aventura e innovación?

N.V.: La historia puede ser muy larga. Y para mí muy bonita. Empieza desde muy atrás, con mi gran pasión por los viajes, y lo que se conoce como deportes de aventura, kayak, vela, submarinismo, etc., para acabar dedicándome profesionalmente a la innovación. Está todo conectado y probablemente el primer punto de intersección es un proyecto que empecé en 2005 y que se llamaba «riesgo bajo control». Se trataba de una plataforma de deportes de riesgo en la que incorporaba los mejores aprendizajes en distintas disciplinas deportivas, desde el submarinismo, trekking, vela, parapente, ala delta, con lo que estaba aprendiendo sobre riesgos operacionales, que en ese momento era una de mis actividades profesionales. Minimizar los riesgos operacionales. Fue muy interesante y por distintas razones no salió. Pero fue gracias a esa labor de divulgación, que me permitió abrir mis

---

82. Junto con nuestro libro *Tu empresa secreta* ☺ (que me hizo una gran ilusión).

primeros blogs, investigar el mundo de las redes sociales en aquella época prehistórica y ser un ávido generador de contenidos de marketing digital. Cuando surgió una vacante en innovación que buscaba ese perfil mixto de habilidades, pude aplicarlas de una manera diferencial.

C.R.: ¿Y cómo deriva en tu libro *La aventura de Diana*?

N.V.: Años más tarde se vuelven a cruzar los caminos con *La aventura de Diana*, que empezó como el dibujo de una carta náutica sobre innovación, un mapa sobre cómo innovar, cuáles son las ventajas y amenazas, para que cada uno pueda trazar su camino hacia la innovación a través de los vientos de la ideación, la corriente de la inspiración, la corriente de la necesidad, en qué arrecifes puede encallar, qué pasa si llega a la isla de los resultados no esperados o al archipiélago de los proyectos frustrados, etc.

Se trataba de una metáfora narrativa, con mucho *storytelling*, mucho *Master & Commander* y muchos diarios del capitán Cook, con lecciones de aprendizaje del mundo de la innovación, y de la innovación en comunicación. Ahí también se cruzan intereses, porque también trabajé muchos años en comunicación y marca.

Cuando puse en la coctelera las nuevas narrativas, las narrativas transmedia, las infografías, con mi pasión con la náutica, la vela, la arquitectura naval, el diseño y construcción de embarcaciones... salió *La aventura de Diana*, que fue primero un mapa, después una novela, después un kit de aprendizaje, y más tarde ha tenido más derivadas, como *El desafío de Yago*, sobre el talento, y ahora una nueva derivada sobre la sostenibilidad.

Entonces vemos como se cruza esa polimatía, el dominio de competencias en innovación, comunicación, geografía, aventura, mundo náutico, etc. y se convierte en un producto que reúne todas esas facetas.

C.R.: ¿Nos das alguna pista sobre esa segunda derivada sobre sostenibilidad?

N.V.: Cinco años después de *La aventura de Diana*, vuelvo a cruzar otros ejes, porque una de mis grandes pasiones es la naturaleza, los ecosistemas, la fauna, los documentales de Félix Rodríguez de la Fuente, Jacques Cousteau, etc. y hoy aplico todo ese aprendizaje sobre la biología y relaciones en los ecosistemas, la simbiosis, el comensalismo, la depredación, el parasitismo, etc. a los ecosistemas de emprendedores, con una combinación diferencial y que merece la pena.

C.R.: Suena muy interesante, porque seguro que se pueden establecer paralelismos que nos ayuden a diseñar ecosistemas de emprendimiento inspirados en modelos presentes en la naturaleza. Una nueva intersección polímata. Por cierto, ¿qué te ha aportado la polimatía en lo personal y en lo profesional?

N.V.: En lo personal me aporta una enorme riqueza. Riqueza no económica sino intelectual. Un acervo de recursos que hace que nunca me aburra, porque siempre estoy pensando en lo siguiente, recombinando ideas, conceptos, dibujando, que es otra de las disciplinas que manejo y por eso dibujé las cartas náuticas. Al tener enormes fuentes de curiosidad e interés, con la cantidad de información que tenemos disponible, siempre tengo algo nuevo que aprender. O sobre pintura, historia, fotografía, barcos, naturaleza, animales, innovación, deportes de aventura, submarinismo, viajes, emprendimiento, talento, sostenibilidad... y todos estos ejes, permanentemente, los voy cruzando y surgen nuevas ideas que se convierten en nuevos proyectos.

C.R.: ¿Y en lo profesional?

N.V.: Yo siempre veo la polimatía como un activo que me ha permitido reinventarme varias veces. Como te comentaba antes, fue el pasaporte a la innovación, con un perfil como el mío, heterodoxo, heterogéneo, diferente, y esa marca personal que contenía elementos distintivos de océano azul. Por ejemplo, hace 13 años era de los pocos que tenía un blog y hacía uso de las redes sociales, y luego acabé siendo *Top Social Executive* de Linkedin en España, parte por cómo recombino esta marca personal con distintas huellas, porque al final, como polímata, dejo una huella muy diferente en Linkedin, Instagram, Twitter o Facebook, pero todas se entrecruzan y todas me aportan valor como persona y como profesional.

Por hacer la historia corta, en lo profesional la polimatía me ha servido para abrir puertas, para ver oportunidades donde otros veían amenazas, o crear oportunidades donde había escenarios de cambio. Si eres especialista en una función y esa función desaparece, desaparece tu puesto. Cosa que, si eres más versátil, y la polimatía te puede ayudar a ser más versátil, te encuentras con que tienes otros ángulos que explotar.

Siempre he pensado que la especialización es para los insectos. Con lo cual, el ser multiespecialista, te abre oportunidades.

C.R.: ¿Y qué sacan las empresas de los polímatas?

N.V.: Las ventajas son obvias en un contexto como el actual, de innovación y de transformación, no ya digital, sino cultural, en el que sabemos que el futuro va a ser muy distinto al actual y nos toca diseñarlo. Un futuro que es por naturaleza no especialista. O mejor dicho, la especialización, las tareas rutinarias y muy verticales, las va a hacer una inteligencia artificial mucho mejor que nosotros. Sin cansarse y sin aburrirse.

La polimatía enriquece las conexiones neuronales en el hemisferio derecho, que es en el que reside la creatividad. Y el futuro es de la creatividad, la colaboración, la curiosidad, la comunicación y el pensamiento crítico. Esas Cs, a las que le añadiría algunas más, conforman las competencias blandas que nos van a permitir convivir en un entorno de robótica e inteligencia artificial.

Creo que los profesionales polímatas están mejor preparados y que, por tanto, a las empresas que los tengan, retengan y entiendan les irá mejor que a las que no lo hagan.

C.R.: ¿Crees que las nuevas generaciones serán más polímatas?

N.V.: Va a depender de ellos. Sí que los *knowmads*, los nómadas del conocimiento, son de naturaleza mucho más polímata. Se trata de una generación que yo creo que siempre ha existido pero que antes no era visible, o al no estar etiquetada no era reconocible. Hoy desde luego las nuevas generaciones tienen las herramientas para hacerlo. Tienen el conocimiento literalmente al alcance de su mano. Si hacen un buen uso de esas herramientas tan potentes serán más polímatas. Si lo usan para ver otra vez la séptima temporada de *Juego de Tronos* o la última serie popular de Netflix, o a estar abducidos viendo fotos de gatitos en Instagram, no lo serán. Pero tienen el potencial y la necesidad, porque el mercado se lo va a exigir, lo va a reconocer y lo va a valorar.

C.R.: ¿En quién podemos inspirarnos para desarrollar la polimatía?

N.V.: No puedo dejar de mencionar a Leonardo da Vinci, como ese hombre renacentista, escultor, pintor, médico, arquitecto, filósofo, naturalista, forense, ingeniero, experto en temas militares, y ¡lo que quieras! Leonardo ejemplifica como pocos la figura del polímata y además creo que estamos viviendo un nuevo renacimiento, por lo que nunca me cansaré de poner en valor a Leonardo y mucho menos en su 500 aniversario.

También soy muy fan del «Leonardo del siglo XXI», Elon Musk, muy cuestionado por muchos, pero que está sentando los cimientos de nuevas formas de transporte en la tierra, con Hyperloop o Tesla, o de la energía fotovoltaica con los paneles solares, o de los viajes a Marte. Creo que trabajar con él debe ser muy complicado, pero me resulta muy inspirador y es una figura que pasará a la historia.

Y luego a mí me gustan mucho y me sirven de referencia los grandes marinos del siglo XVIII, siempre pongo de ejemplo al capitán Cook, del que tomé su nombre para Twitter, pero me daría igual el oficial de *Master & Commander* o Malaspina o Jorge Juan, que eran marinos, eran militares, eran cartógrafos, eran astrónomos, eran naturalistas, eran músicos, y tenían enormes condiciones humanistas. Cuando se preparaban para un largo viaje, que solían durar de tres a cuatro años con enormes incertidumbres, incorporaban conocimientos de medicina, botánica, y algo que hoy el GPS nos dice instantáneamente, dónde estamos en Latitud y Longitud. Calcular el posicionamiento con un sextante en mitad del mar con un barco en movimiento implica una cantidad de cálculos matemáticos complejos, de trigonometría, que hoy poca gente es capaz de hacer, aparte de declinaciones solares, posición de las estrellas en el firmamento, en fin, tenían conocimientos polímatas. A mí me sirven de una enorme inspiración en mis metáforas náuticas, aventureras, marineras y de innovación.

C.R.: Y alguien más cercano, ¿algún polímata que haya ejercido una influencia especial sobre ti?

N.V.: Viendo la propia foto que utilizo en mi perfil de Whatsapp, que es el monumento a Miguel de la Quadra-Salcedo, creo que es un buen ejemplo de otro gran polímata que para mí es una gran inspiración. Como sabes, Miguel de la Quadra-Salcedo fue deportista olímpico, de hecho revolucionó el lanzamiento de jabalina utilizando una técnica primitiva que nunca fue homologada y nunca le dieron su récord como válido. Por supuesto fue un periodista y un divulgador como pocos, reportero de guerra en las guerras más sangrientas de los años 60 y 70, la de Angola y la de Vietnam, aventurero incansable, en los últimos años reconocido por la *Ruta Quetzal*, por algunos programas de televisión y por la *Camel Trophy*. Hablar con él era como consultar una enciclopedia viviente sobre historia, aventuras, sobre los colonos, sobre la conquista de América, etc. Esa función de comunicador, divulgador, periodista, aventurero, deportista, educador y seguramente muchas más cosas le convierten para mí en una figura a recordar con enorme cariño y con unos enormes bigotes.

C.R.: Sí, tuve la suerte de escucharle hablar en directo el año antes de su muerte y fue impresionante. Inolvidable. Manuel Campo Vidal, que ha peleado en mil plazas, no era capaz de entrevistarle, porque Miguel era un torrente inagotable de anécdotas, como si en sus ochenta y tantos años le hubiera dado tiempo a vivir cientos de vidas. ¿Qué nos recomiendas para sacar a la luz el polímata que todos llevamos dentro?

N.V.: Esto podría ser un libro en sí mismo. Yo empezaría por el autoconocimiento. Hacer un ejercicio de autoconocimiento. Saber qué sabemos que sabemos, en qué somos conscientemente competentes. Saber qué sabemos que no sabemos, en qué somos conscientemente incompetentes. Profundizar en esas cosas que no sabemos que sabemos, que somos inconscientemente competentes. Y también poner un poco de luz en lo que somos inconscientemente incompetentes. Lo que no sabemos que no sabemos.

Eso nos va a dar un primer mapa interior, que nos permitirá buscar ese talento especial que nos hace únicos y en qué áreas queramos profundizar, siendo conscientes que tenemos las distintas inteligencias de Gardner, intrapersonal, naturalista, lógico-matemática, lingüística, interpersonal, kinestésica, musical, existencial y viso-espacial.

Tenemos que ver cuáles de ellas tenemos más desarrolladas o, estando menos desarrolladas, podemos potenciar. Con esto no quiero decir que tengas que llevar todas ellas a su máximo potencial, sino elegir aquellas para las que estamos naturalmente mejor dotados y cruzarlas entre sí. En esa hibridación entre distintas inteligencias surge la riqueza de la polimatía. Igual que no es raro que alguien muy bueno en matemáticas juegue muy bien al ajedrez, o a menudo vemos que el que domina la música tiene también un acentuado sentido del ritmo, que es aplicable a otro tipo de disciplinas.

Una vez que hemos identificado ese talento, capacidades, aptitudes que tienen margen de mejora, buscaría, entre las miles de herramientas que hay, cómo desarrollarlas, desde tutoriales, Coursera, Lynda, Udemy, EdX, Udacity, Khan Academy, Tutellus y otras muchas más, que te pueden llevar a perfeccionar esas habilidades y a explorar otras.

Hay un enorme potencial de recorrido vital, personal y profesional para aquellas personas que hagan un buen uso de su polimatía.

C.R.: Gracias por tus consejos, Nacho. ¡Seguiremos ejercitando la polimatía!

Saca al polímata que llevas dentro

Le hemos dedicado un capítulo a la polimatía porque es un rayo de luz en el futuro del trabajo para los que pensamos que el humanismo es clave en el futuro del ser humano y que las humanidades son el futuro de la economía digital. Y no lo digo solo yo, lo dice *Harvard Business Review*.

Para mí es muy estimulante imaginar que en este siglo tendrá lugar un nuevo Renacimiento y que los polímatas serán los profesionales más demandados. Polímatas... ¡el futuro es nuestro!

Si lo piensas un poco, en un mundo repleto de estímulos y con un acceso al conocimiento sin precedentes en la historia de la humanidad, lo anormal en unos años será no ser polímata. A poco que tengas un mínimo de curiosidad te da tiempo a vivir muchas vidas y a explorar las intersecciones entre ellas. Nunca aprender de los mejores fue tan fácil, rápido y barato como hoy. Y mañana será un poco más fácil, más rápido y más barato que hoy. Y así sucesivamente. Puedes cenar viendo a un premio Nobel en TED cada noche. ¿Te interesa la astronomía? Puedes hacer un curso en Yale gratis. ¿Te interesa la inteligencia artificial? Puedes hacer un curso en Stanford gratis. Y, para cada área de interés que se te ocurra, encontrarás cientos de recursos y contenidos de calidad para colmar tu curiosidad.

Si viniste al mundo sin curiosidad, ejercita tu polimatía como una cuestión de supervivencia, a no ser que quieras convertirte en un insecto laboral, porque, como decía Nacho, **la especialización es para los insectos**. Y, créeme, a los insectos laborales no les irá bien.

Usando la metáfora geográfica de Nacho, puedes hacer el siguiente ejercicio. Imagina que eres un explorador, y piensa en tu vida como en un mapa de áreas de conocimiento y experiencia, lleno de países y continentes, y surcado por ríos, lagos y mares. Es posible que durante tu vida hayas explorado varios países de un continente (por ejemplo varias áreas de marketing) o varios países de varios continentes. Dibuja tu propio mapa. No tiene por qué ser un mapa real (en sentido geográfico), ni tampoco un mapa que refleje tu realidad actual (no tienes por qué dominar todas las cosas que incluyas), pero es el mapa que te gustaría recorrer, el que te gustaría explorar. Piensa en tus habilidades. Piensa en qué eres bueno. Piensa qué te hubiese gustado estudiar o poner en práctica. Indaga un poco en ti mismo y llévalo a un mapa.

En mi caso particular, he explorado varios continentes, el de la tecnología (bastantes países) y el de la filosofía (algunos apasionantes), por ejemplo. Este libro nace en la frontera entre ambos mundos. Las fronteras siempre son regiones de mestizaje, lugares fértiles para la creatividad, tanto en lo geográfico como en lo intelectual. En mi libro anterior exploré un país dentro del continente del marketing (el marketing de influencia), y siempre que puedo hago una incursión a un nuevo territorio que descubrir. Me he propuesto viajar allá donde la inquietud y la curiosidad me lleven, y de esa manera, poco a poco, poder ir ampliando mi mundo. Cuánto más rico sea tu mapa, mayores serán las alas de tu imaginación. El mapa de autoconocimiento que nos proponía Nacho (a continuación) puede servirnos de ayuda. ¿Te animas a dibujar tu propio mapa? ¡Deja de leer y coge lápiz y papel! Usa la pregunta como arma dialéctica, ¿qué nuevo país te gustaría explorar a partir de ahora?

Mi nuevo mapa geográfico	
Continentes y países conocidos y explorados (conscientemente competentes)	Continentes y países conocidos no explorados (conscientemente incompetentes)
 • • • • • • • • •	 • • • • • • • •
Continentes y países explorados desconocidos (inconscientemente competentes)	Continentes y países desconocidos e inexplorados (inconscientemente incompetentes)
 • • • • • • • •	**¡Todo un mundo desconocido más allá de mis fronteras!**

Carta de personaje:
Polímata

SUPERPODERES

Defensivos:	Ofensivos:
• **Superabsorción polímata.** Sistema defensivo contra inteligencias artificiales débiles. Versatilidad que te permitirá sobrevivir y reinventarte cuando una especialidad deje de tener sentido.	• **Rayo conector.** Facultad para establecer conexiones valiosas entre distintos dominios de conocimiento. • **Aleteo ígneo.** Capacidad para dotar a tu creatividad de un vuelo inusitado. • **Imán electroturbo.** Elemento de diferenciación personal («singularidad») con el potencial de despertar la curiosidad en otras personas (y la curiosidad es una herramienta fabulosa de atracción)

7

Conviértete en un centauro

Empecemos con un ejemplo, el del «ajedrez centauro». Casi todo el mundo sabe que, en 1997, la supremacía en el dominio del ajedrez dio un giro cuántico. Deep Blue, el supercomputador creado por IBM, había derrotado a Garry Kasparov.

Lo que menos gente sabe es que los campeonatos de ajedrez evolucionaron hacia otro tipo de competiciones, las «freestyle» (estilo libre), en las que participan equipos mixtos, compuestos por humanos y máquinas, que compiten contra otros equipos formados por humanos, máquinas, o humanos y máquinas. A estos equipos mixtos humanos-máquinas se les llama «equipos centauro», por la criatura mitológica con cabeza, brazos y torso humano (la parte humana), y con cuerpo y patas de caballo (la máquina).

En una de estas competiciones ocurrió algo inesperado, una pareja de jugadores amateurs, con tres ordenadores normales, no solo derrotaron a Hydra, el Kasparov de los ordenadores, sino también a grandes maestros del ajedrez que se ayudaban a su vez de ordenadores. Lo que se mostró es que ganaba el equipo humano que mejor coordinara la información que les proporcionaban las máquinas y que, a su vez, mejor sintetizaba dicha información al servicio de su estrategia.

Si la victoria de Deep Blue sobre Kasparov supuso el fin de una época, la victoria de un «equipo centauro» sobre Hydra dio paso a otra nueva, en la que cada mitad del centauro hacía lo que mejor sabía hacer. Las máquinas dominaban la táctica (combinaciones de movimientos) y el ser humano se centraba en el pensamiento estratégico-intuitivo.

Esta división funcional va en línea con la paradoja de Moravec que mencionábamos antes, en el capítulo del valle inquietante: «comparativamente es fácil conseguir que las computadoras muestren capacidades similares a las de un humano adulto en tests de inteligencia, y difícil o imposible lograr que posean las habilidades perceptivas y motrices de un bebé de un año»[83]. Las máquinas y los humanos tenemos fortalezas y debilidades opuestas y a su vez complementarias.

El centauro no deja de ser una combinación de dos cuerpos, donde cada uno aporta una ventaja competitiva, y, del mismo

---

83. Fuente Wikipedia.

modo que sucedía con el corazón, a menudo se nos olvida algo básico, obviamos que tenemos un cuerpo y que el conocimiento es inseparable del cuerpo.

Alrededor de esta idea, por ingenua que parezca, se han desarrollado las ciencias cognitivas, como intersección entre un conjunto de disciplinas dedicadas al estudio de la mente. Entre ellas destacan la inteligencia artificial y el modelo informático de la mente, así como la lingüística, la neurociencia, la psicología (fenomenología de la percepción), la antropología y la filosofía.

Esta compleja intersección entre ciencias tomó el nombre de «ciencias cognitivas enactivas», que tiene su origen en el neologismo inglés «enact», en el sentido de «representar», «desempeñar un papel, actuar». Mi toma de contacto con ellas fue gracias a un libro fantástico, escrito hace más de dos décadas por F. J. Varela, E. Thompson y E. Rosch[84], en el que enfatizan la creciente convicción de que la cognición no es la representación de un mundo pre-dado por una mente pre-dada, sino la puesta en obra de un mundo y una mente a partir de la variedad de acciones que un ser realiza en el mundo. O, lo que es lo mismo (y más sencillo), mundo y mente se definen mutuamente a través de la acción.

En esta misma línea, Jerome Bruner nos habla de tres modos de representación de la realidad. La activa (enfoque enactivo basado en la acción), la icónica (basada en imágenes) y la simbólica (basada en el lenguaje). Estos modos son la forma en la que el conocimiento se almacena y codifica, y están integrados unos en otros de forma secuencial.

Como suena complicado, si me permites, te lo vuelvo a contar con otro ejemplo de gatos. En este caso se trata de los gatitos de Held y Hein.

---

84. F. J. Varela, E. Thompson y E. Rosch, *De cuerpo presente. Las ciencias cognitivas y la experiencia humana*, Editorial Gedisa, 1997 (2ª edición).

Held y Hein criaron gatitos en la oscuridad. Les dejaban pasear en dos grupos, uno de ellos caminaba normalmente, y el segundo se alojaba en un pequeño cesto que era arrastrado por el primer grupo.

Cuando los gatos fueron liberados, sucedió algo extraño. Aunque ambos grupos habían compartido durante toda su vida la misma experiencia visual, los primeros caminaban con normalidad, ¡pero los de la cesta se comportaban como si fueran gatos ciegos!

¿Por qué? Porque la representación del mundo no se crea solo en la mente, como si fuera un espejo, sino que emerge de las acciones que el sujeto realiza en el mundo. Mente, cuerpo y mundo se definen mutuamente, y las estructuras cognitivas emergen en constante interacción entre los sentidos y nuestro movimiento.

De ahí la paradoja de Moravec. Resulta más sencillo crear una máquina que sustituya o mejore nuestra capacidad de abstracción, que imitar las habilidades perceptivas y motrices más básicas de un bebé. Esto ocurre por una sencilla razón, tenemos un cuerpo con decenas de miles de años de evolución sensoriomotriz que las máquinas no tienen.

Vale que los de Boston Dynamics están construyendo robots alucinantes[85], con movimientos que recuerdan a los nuestros, y que eso les habilitaría a entrenar mentes con un enfoque enactivo, pero... ¡les queda un rato! (aunque reconozco que da un poco de miedo)

Contar con un cuerpo es una gran ventaja competitiva para el ser humano, que, unida a nuestra capacidad para pensar en un plano estratégico-intuitivo, y a la posibilidad de apoyarnos en una máquina para aumentar nuestra capacidad analítica, nos convierte en poderosos centauros mitológicos.

Aprender de Paco Bree

Para hablar de este tema he elegido a mi amigo Paco Bree[86], polímata-artista reconocido, director del MBI (Master in Business Innovation) de Deusto Business School, y todo un referente en creatividad e innovación. Paco es colaborador habitual en medios de comunicación como *La Razón* y *El Mundo*, y ha asesorado a empresas tecnológicas como Anboto (nombrada mejor startup del mundo en 2010) o Sherpa.

C.R.: Paco, ¿qué opinas sobre los equipos centauro?, ¿cómo ves la combinación humano-máquina?

P.B.: Por ponerlo en un contexto temporal, muchos autores que hemos leído tú y yo afirman que en una década el ser humano se verá superado por la inteligencia artificial. Los más pesimistas no lo ven factible ni en el 2100. Si ponemos un punto interme-

---

85. Échale un vistazo a sus robots en: https://www.youtube.com/watch?v=vjSohj-Iclc
86. http://www.pacobree.com/

dio, es posible que en la década de 2060-2070 contemos con máquinas de muy alta capacidad, que estarían a nuestra altura en habilidades humanas que hoy en día parecen difíciles de imitar. En ese contexto, los equipos centauro son equipos híbridos, formados por personas y máquinas, en los que las máquinas procesarían cantidades ingentes de datos y nos aportarían elementos de juicio que soportaran nuestra toma de decisiones.

C.R.: ¿Algún ejemplo?

P.B.: Hace unos años estuvimos en Cambridge, como parte del MBI de Deusto, con Mark de Rond, que es un doctor por la Universidad de Cambridge que cada año hace algo espectacular, desde recorrer el Amazonas en piragua hasta viajar a Afganistán en hospitales de campaña con el ejército británico. En esas visitas largas, de casi un año, lo que busca es profundizar el funcionamiento de equipos de alto rendimiento.

Nos contaba cómo, en ataques severos en los que llegan multitud de heridos al hospital de campaña, se encuentra un equipo médico compuesto por veinte o treinta personas esperando. Cuando estudiaba esos equipos observó un sinfín de comportamientos difícilmente imitables por una máquina. Lo que haga el equipo de alto rendimiento con un herido en cuestión de minutos determinará si vive o si muere. Eso les obliga a tomar decisiones intuitivas que son el resultado de muchos años de conocimiento y experiencia.

Recuerdo que Mark nos puso un vídeo real, con contenido muy duro, y nos preguntó: «Muy bien, de todas las personas que habéis visto ahí, ¿quién es el jefe?». Y la respuesta es difícil. Algunos responden en base a la indumentaria, otros en función de quién habla más, y al final, el que más manda es alguien cuyo papel parece anecdótico, que simplemente con una mirada hace que todos los demás sepan exactamente qué tienen que hacer.

Funcionan como un equipo de Fórmula 1. Pero en lugar de trabajar en base a automatismos, combinan automatismos con una gran capacidad de dar respuesta a acontecimientos no esperados, y lo hacen con el mismo rigor y velocidad que los mecánicos de la Fórmula 1.

C.R.: Se trata de un equipo humano hoy en día, ¿verdad?

P.B.: Ese equipo es 100% humano hoy por hoy. Lo que nos podemos plantear es cuándo llegará un centauro a ese equipo y cuál será su función. La incorporación de una inteligencia artificial médica, que procese datos en tiempo real, puede ser un factor clave para apoyar en situaciones inciertas de alta complejidad.

La aportación del centauro depende del nivel de incertidumbre. A más incertidumbre mayor valor. Existe un marco conceptual que define 4 niveles de incertidumbre en la definición de una estrategia[87]. En el nivel 1 podemos prever un futuro suficientemente claro. En el nivel 2 se dan varios escenarios posibles que podrían llegar a suceder y que no podemos predecir con exactitud. En el nivel 3 encontramos un rango amplio de futuros potenciales. El nivel 4 se conoce como ambigüedad verdadera y supone tener que manejar múltiples dimensiones de incertidumbre que interactúan haciendo imposible la predicción estratégica.

También hay que contar con la dificultad añadida de llevar conocimiento tácito (no explícito) a la inteligencia artificial. Si no sabes cómo lo haces (o ni siquiera sabes que lo haces), ni tienes datos sobre el proceso es difícil entrenar modelos inteligentes.

---

87. https://hbr.org/1997/11/strategy-under-uncertainty

Esta situación de los hospitales de campaña sería un caso extremo de nivel 4. De ahí hacia atrás encontraríamos casos mucho más manejables para ser afrontados con equipos centauro.

C.R.: ¿Por ejemplo?

P.B.: Imagínate que estamos trabajando tres personas en un equipo de marketing intentando lanzar un nuevo modelo de negocio, que es complejo, porque tiene muchas piezas y toca todos los aspectos integrales de una empresa. Lo que podrían hacer las máquinas en el equipo centauro es buscar en industrias directas e indirectas todos aquellos modelos de negocio que han tenido éxito y segmentarlos. Esta información sería digerida para humanos, que tendrían una síntesis mejorada, con más valor, para tomar decisiones sobre cuáles son los modelos de negocio que se van a intentar lanzar al mercado.

Lo que es interesante es que la máquina va a tener la capacidad de explorar entre millones de datos en tiempo real, algo que el humano es incapaz de hacer.

La Universidad de St. Gallen hizo un análisis fantástico sobre modelos de negocio[88]. Es de los mejores que he visto. Analizaron todos los modelos de negocio de los últimos cincuenta años y extrajeron 55 patrones que se repiten a lo largo del tiempo y que podrían ser la base de cualquier otro modelo de negocio, con información sobre el patrón, qué compañías lo habían puesto en práctica y en qué fechas.

Si te lees con profundidad esos 55 modelos ahí está prácticamente todo, y además los puedes mezclar entre sí. La máquina centauro lo que podría hacer es trabajar de la misma manera,

---

88. https://www.thegeniusworks.com/wp-content/uploads/2017/06/St-Gallen-Business-Model-Innovation-Paper.pdf

extraer patrones de modelos de negocio y analizar su comportamiento en el tiempo, en determinadas industrias, y extraer información sobre éxito y fracaso.

El *Business Model Navigator* de St. Gallen es un modelo hecho por humanos, que podría ser utilizado por una máquina para procesar datos reales (en un marco temporal sobre industrias que operan en determinadas geografías), y sintetizar y correlacionar esos datos para que un equipo humano tome decisiones.

C.R.: En la introducción a este capítulo poníamos como ejemplo los equipos centauros en ajedrez.

P.B.: La base viene de ahí. Para mí es el punto de partida, donde puede verse cómo un equipo centauro es más potente que un equipo de humanos o un equipo de máquinas.

Volviendo a la estrategia por niveles de incertidumbre, el ejemplo del hospital militar es de máxima incertidumbre (nivel 4), mientras que el del equipo de marketing usando St. Gallen sería de baja media (niveles 1-2).

En el nivel 1, los humanos podemos utilizar las herramientas de estrategia clásicas (Porter, PESTEL, DAFOs, etc.), pero a medida que sube el nivel de incertidumbre, esas herramientas dejan de ser válidas, ¡ya no es suficiente!

En el nivel 2 tienes que pensar en diferentes escenarios, porque nuestra estrategia depende de la de nuestros competidores. Una herramienta típica en este nivel es la teoría de juegos.

En el nivel 3 se suele utilizar la investigación de la demanda latente, la vigilancia tecnológica y la planificación de escenarios complejos.

Y en el nivel 4, con múltiples dimensiones de incertidumbre, es donde un equipo centauro adquiere mayor valor, por su capacidad de abstracción y análisis multivariable en tiempo real, combinada con la posibilidad de dar una respuesta intuitiva antes sucesos no esperados. Podríamos utilizar analogías y reconocimiento de patrones, así como modelos dinámicos. Ahí, por mucho que uses herramientas clásicas...

C.R.: Es que el presente-futuro que nos encontramos es así de incierto.

P.B.: Nosotros vamos a ese nivel 4 de incertidumbre.

C.R.: Exacto.

P.B.: Y es curioso, porque muchas empresas operan todavía con una lógica de nivel de incertidumbre 1. Están predestinadas a tener problemas. Seguro.

C.R.: Y muchos humanos también están en la lógica de nivel 1. Cuéntanos algo más sobre cómo ves el futuro.

P.B.: Pues yo creo que el futuro, yéndome a películas, me iría más a *Matrix* que a *Blade Runner*, más hacia mundos virtuales y realidad aumentada que hacia la visión clásica de un planeta poblado de robots. Te metes en un mundo de realidad virtual, te haces un equipo de marketing...

Te pongo un ejemplo. En el MBI tenemos un módulo de liderazgo y creatividad, que imparte Steinar Bjartveit, en el que viajamos a Florencia. Steinar nos explica el efecto Medici[89] en la Florencia del s. xv, a través de los ojos de Lorenzo de Medici, Donatello, Filippo Lippi, Brunelleschi, Botticelli, Miguel Ángel,

---

89. Lorenzo de Medici organizaba cenas en las que mezclaba personas de diferentes ámbitos y disciplinas, provocando una explosión de ideas y creatividad.

Dante, Leonardo da Vinci, Maquiavelo, etc. Es una cosa increíble, sales transformado de aquella experiencia, lo hemos sentido todos.

Steinar, uno de los días, hace una dinámica en la que te asigna un equipo de cuatro personas, y te pide que te imagines tres personajes, los que más te apetezcan, que van a ser tus consejeros. No vas a encontrar consejeros de verdad como los que tuvieron en el efecto Medici, pero te puedes poner en tu equipo a Ridley Scott, Napoleón, y a quién quieras, Lady Gaga, por ejemplo. Los escoges por un motivo, porque sigues una metodología que él te propone, y en base a tu desafío tienes que pensar muy bien por qué escoges a esas personas.

Una vez que escoges tu equipo de consejeros, cada persona del equipo interpreta un personaje y contesta como lo haría en realidad el personaje real. Se ponen en sus zapatos y se comportan como ellos.

Lo interesante es que eso mismo se podría implementar con realidad virtual e inteligencia artificial, formando un «equipo polímata centauro» combinando máquinas y personas. Te introduces en un mundo fantástico, como el de la Florencia de los Medici o caminando por la antigua Atenas, eliges a tres consejeros que te asesoran en la decisión que tengas que tomar, por ejemplo si vendes o no tu compañía a un grupo asiático, y te apoyas en los *insights* que unas inteligencias artificiales te suministran, con la apariencia de personajes que significan algo para ti. Seguro que saldrías de esa conversación profundamente transformado. Yo creo que vamos hacia ese tipo de escenarios.

C.R.: ¿Y qué harían esos personajes, modelar el comportamiento de esas personas con inteligencia artificial?

P.B.: Claro, si tú hablases con Julio César, la máquina actuaría como Julio César de verdad. No actuaría como tú quieres que actúe, sino como Julio César. Esas conversaciones pueden ser muy poderosas.

C.R.: Es lo mismo que hago yo con mi metodología combinatoria y con el arte de la memoria. Aplico arquetipos de personas para estimular el pensamiento lateral y sacar al pensamiento tradicional de sus raíles. Esto es igual, pero con inteligencia artificial. No necesitas hacer el esfuerzo intelectual de ponerte en la piel de otro, una máquina lo hace para ti.

P.B.: Exacto.

C.R.: ¿Y qué recomendarías a nuestros lectores que vayan entrenando de cara a ese futuro que nos espera?

P.B.: Yo, en habilidades mentales, claramente me voy a las tres Cs: resolución de problemas complejos, pensamiento crítico y creatividad. La paradoja es que no nos han formado en ninguna de esas habilidades.

Una forma de desarrollar la resolución de problemas complejos es utilizar metodologías concretas que están destinadas a eso, como *Creative Problem Solving*, que la imparte Juan Prego, que ya le conoces.

Sobre el pensamiento crítico, nuestra sociedad nos suele conducir en sentido contrario. Aunque pensamos que venimos con el pensamiento crítico puesto de casa, la realidad es que la mayoría consumimos información acorde a nuestras creencias, que nos refuerza en nuestras ideas y no nos ayuda a cuestionarnos el mundo desde distintos puntos de vista. Yo recomiendo sistematizar la exposición a posiciones de pensamiento opuestas, de cara a construir un criterio propio. El pensamiento crítico viene de una investigación divergente y convergente.

Y sobre la creatividad, una forma de desarrollarla es mediante la polimatía, esa es una recomendación directa.

Desde el punto de vista de las habilidades sociales, me iría al efecto Medici, tanto de forma profesional como con vistas al ocio. Yo creo que todo el mundo debería organizar «cenas Medici». Intentar mantener encuentros con regularidad donde venga gente nueva de distintas culturas, pensamiento, disciplinas y áreas de conocimiento, etc.

C.R.: Gracias por tus consejos, Paco, ¡nos vemos en la próxima cena Medici!

¿Cabeza o trasero?

Si pensamos que nos va a tocar ser una parte del centauro, un consejo: **mejor ocupar la cabeza que el trasero**. Y si nos diferenciamos de la máquina por nuestro conocimiento intuitivo y nuestra visión estratégica, ¿a qué esperamos para ejercitarlo? La realidad nos muestra lo contrario, **seguimos insistiendo en ser culo**.

Según un análisis de Accenture que recoge Sylvester Kaczmarek en *Washington Business Journal*, tan solo un 10% del tiempo de un gerente se emplea en pensar y desarrollar estrategias de futuro. Preferimos seguir compitiendo en el terreno de la máquina.

Por eso es vital empezar a trabajar lo que nos comentaba Paco: **gestión de la complejidad**, porque nos movemos hacia escenarios nivel 4 con ciclos cada vez más cortos; **pensamiento crítico**, porque vivimos tiempos superficiales donde la desinformación se viraliza; y **creatividad**, en sentido polímata, porque es nuestra herramienta para diferenciarnos de las inteligencias artificiales débiles.

No es solo un consejo de Paco, estas tres competencias son las habilidades principales que recomienda el Foro Económico Mundial en su análisis sobre el futuro del trabajo para la década 2020[90].

---

90. http://www3.weforum.org/docs/WEF_Future_of_Jobs.pdf

Carta de personaje:
«Centauro»

SUPERPODERES	
Defensivos:	**Ofensivos:**
• **Cuerpo ancestral.** ¡Miles de años de evolución sensorio-motriz que las máquinas no tienen! (superpoder inspirado en Moravec.)	• **Garra mejorada.** Combinación complementaria de movimientos humano (visión estratégica) — máquina (táctica y profundidad).

8

Mantén vivo tu Ikigai

Según Viktor Frankl, famoso psiquiatra y neurólogo austriaco (autor de *El hombre en busca de sentido*[91]), la lucha por encontrarle un sentido a la propia vida, la voluntad de sentido, es la **primera fuerza motivante** del ser humano, por encima de la voluntad de placer del psicoanálisis freudiano.

La historia de Viktor es muy conocida. Estuvo preso en varios campos de concentración nazis desde 1942 hasta 1945 (Auschwitz incluido) y, debido a su formación como psiquiatra, observó un comportamiento en sus compañeros de sufrimiento que más tarde inspiraría una corriente psiquiátrica de la que fue fundador, la *logoterapia*[92] (logos = sentido o propósito).

El comportamiento que observó era así de sencillo; las personas que tenían una razón para vivir, vivían, y las que no, morían. Tener un sentido, un porqué más allá de los muros de su celda, se convertía en el último hilo que sostenía la vida de muchas personas en condiciones inhumanas y de extrema adversidad.

---

91. V. Frankl, *El hombre en busca de sentido*, Herder, Barcelona, 1946.

92. La logoterapia es una psicoterapia que propone que la voluntad de sentido es la motivación primaria del ser humano, una dimensión psicológica inexplorada por paradigmas psicoterapéuticos anteriores, y que la atención clínica a ella es esencial para la recuperación integral del paciente. Fuente: Wikipedia.

En un contexto distinto, en este caso en un lugar remoto situado al norte de Okinawa, Francesc Miralles, con quien hablaremos en este capítulo, y Héctor García nos relatan en su libro *Ikigai: Los secretos de Japón para una vida larga y feliz*[93], cómo el «simple» hecho de contar con una razón para levantarse cada mañana se había convertido en un indicador clave de longevidad para todos los habitantes de aquella aldea, con el mayor índice de longevidad del mundo.

. . . .

Tener una razón, por pequeña que sea, te sostiene.
El sentido es nuestro «combustible vital», el motor de
nuestra ilusión; y la ilusión es la llama de la vida.

. . . .

Si vamos a la etimología de la palabra *Ikigai*, encontramos que se compone a su vez de dos palabras, *iki* (生き), que se refiere a la vida, y *gai* (甲斐), que significa «la realización de lo que uno espera y desea». Suele representarse en un diagrama como la intersección entre cuatro círculos, el mágico lugar donde convergen **pasión, misión, profesión** y **vocación**.

En mi caso, soy un fanático de los diagramas y del poder que ejercen en la imaginación[94], y también me apasionan las intersecciones (tal y como pudiste comprobar en el capítulo sobre la «singularidad»). *Ikigai* es también una preciosa intersección entre lo que amas (pasión), en lo que eres bueno (vocación), lo que el mundo necesita (misión) y lo que te servirá para ganarte la vida (profesión).

---

93. F. Miralles, H. García, *Ikigai: Los secretos de Japón para una vida larga y feliz*, Urano, Barcelona, 2016.

94. Viene de mi fascinación por el arte de la memoria y por su implementación en los siglos XVI y XVII. De los alfabetos giratorios de Ramón Llull y de la magia de Giordano Bruno. Desarrollo esta visión en mi libro *Las ruedas mágicas de la creatividad*.

Si encuentras ese maravilloso lugar tu vida
se llenará de sentido.

¿Por qué te cuento esto?

Porque las máquinas no tienen *ikigai*. Fueron diseñadas para solucionar un problema concreto, y, como veíamos en el capítulo sobre la polimatía, la mayoría de ellas cuentan con inteligencias artificiales «débiles». Serán fabulosas resolviendo un problema específico, pero sin pasión ni sensación de autopropósito, porque para ello requerirían del desarrollo de una consciencia que se desdoblara sobre sí misma y se reconociera actuando en un mundo.

¿Tendrán sensación de propósito alguna vez? ¿Serán las máquinas capaces de desarrollar autoconsciencia?

Pues sobre este tema se podrían llenar cientos de páginas. Lo mismo en otro libro. La respuesta corta es que tal vez. Nosotros, los seres humanos, en el plano cognitivo, no somos sino complejas máquinas biológicas, con un neocórtex formado por millones de clasificadores organizados de forma jerárquica; y, según uno de los padres de la inteligencia artificial, Marvin Minsky, la actividad principal de los cerebros consiste en crear cambios dentro de sí mismos. En este sentido, nuestra existencia es un proceso de automodificación, y, como comentábamos con Mavi, en cierta manera somos el resultado de los estímulos a los que nos hemos sometido durante toda nuestra vida. Aunque lo anterior suene determinista, sigo creyendo que somos libres para elegir los estímulos que en última instancia dirigirán nuestro cambio.

Lo que somos y lo que vemos en la realidad, nuestro yo cognitivo, es la superficie de un estado global que emerge de una gigantesca red de elementos simples (millones de neuronas interconectadas). Si creáramos máquinas lo suficientemente complejas y las soltáramos al mundo a aprender (igual que a bebés), con el paso del tiempo, su respuesta, al menos a un nivel racional, podría ser indistinguible de la de un ser humano; por lo que cabría aplicar un «test de Turing» de la consciencia. Si a todas luces una máquina nos parece consciente... ¿será consciente?

Siempre tendemos a adoptar una posición antropocéntrica sobre la consciencia, pero existen muchas formas distintas de consciencia, y sino que se lo pregunten a las plantas, que, como dice Stefano Mancuso en su libro *Sensibilidad e inteligencia en el mundo vegetal*, llevan siglos engañándonos. Asistí a una conferencia de Stefano y luego coincidimos firmando libros. Lo que nos contó me dejó fascinado. Las plantas, aunque son grandes desconocidas para nosotros, reconocen a su familia, se comportan de diferente manera dependiendo de si pertenecen a ella o no, se defienden de sus depredadores, y compiten y se comunican entre sí. ¿Responde o no ese comportamiento a una forma de consciencia?

Volviendo a la IA, a un nivel todavía paleolítico, todo el debate sobre el sesgo de la inteligencia artificial no es sino el resultado de la emergencia de un estado cognitivo fruto de un condicionamiento, que, a su vez, es resultado de la exposición a un conjunto de estímulos sesgados. Desde la superficie, la apariencia es la de una máquina racista, o con sesgo de género, aunque solo sea cuestión del conjunto de datos (sesgado) que usamos para su entrenamiento (sus estímulos).

En este punto, asumiremos que estamos muy lejos, al menos a un par de décadas de distancia, de aspirar a desarrollar consciencia en las máquinas. Puedo imaginar máquinas realizando actividades intelectuales sofisticadas, pero todavía no cuestionándose el sentido de la vida y su lugar en el mundo. Esa evolución de la capacidad de abstracción se trata de algo muy humano aún.

Aprender de Francesc Miralles

Francesc Miralles[95] es muchas cosas, amante de los viajes, escritor de numerosos libros traducidos a más de cincuenta idiomas (autoayuda, novela, ficción y no ficción), ensayista, traductor, músico, buscador infatigable, y, por lo que he podido comprobar en esta entrevista, un gran conversador. Decidí contactar con él porque me producía una curiosidad infinita conocer de primera mano su viaje a la aldea centenaria al norte de Okinawa y su descubrimiento personal del *Ikigai*.

C.R.: Hola, Francesc, antes de nada me encantaría saber qué te llevó hasta allí, ¿cómo comenzó tu aventura?

F.M.: Todo empezó porque Héctor García, amigo y coautor del libro, vive en Japón y su mujer es de Okinawa. Le visitaba cada año. Un día, paseando por un jardín de Tokio, me explicó que su suegro le había contado que, al norte del país, existía la aldea centenaria que ostentaba el récord Guinness de longevidad del mundo. Como aquello nos provocó curiosidad, igual que a ti, pedimos permiso para hacer una investigación y analizar los factores que contribuían a que allí se diera el mayor índice de longevidad del mundo.

Además de entrevistar a todos los ancianos, y encontrar elementos comunes, como la alimentación, el clima, la falta de estrés, la limpieza del agua, o el ejercicio suave, todos mencionaban una palabra en las entrevistas, *ikigai*, como algo que les servía de fuente de motivación.

El hecho de levantarte por la mañana y tener una cosa que hacer que te ilusiona hace que cuides más de tu cuerpo, porque si tu vida es valiosa vas a cuidar el vehículo para la vida, que es el cuerpo.

---

95. https://www.francescmiralles.com/sobre-mi/

C.R.: Llevado al extremo sería lo que comentaba Frankl, las personas que tienen una razón sostienen su vida, y las que no, la rinden.

F.M.: Lo explica muy bien Viktor Frankl, porque los que sobrevivieron no fueron los más fuertes, sino los que tenían una motivación para lo que pasaría después, ya sea reencontrarse con un ser querido o contarle al mundo lo que sucedía en aquellos campos de concentración.

C.R.: Exacto.

F.M.: En el mundo del trabajo, las personas más brillantes siempre son las que convierten la actividad que hagan, cualquiera que sea, en una carrera contra ellos mismos, en una especie de superación constante. Los que se comportan maquinalmente, como dices en tu libro, acabarán sustituidos por máquinas. Lo que las máquinas no podrán hacer es encontrar talento en otras personas. Descubrir algo que la persona no sabe de sí misma, un conocimiento no explícito, y esa será la tarea de los verdaderos líderes, de aquellas personas que pueden ver a alguien, que está haciendo algo por debajo de sus capacidades, y entender que podría estar en otro lugar haciendo otra cosa que ni esa misma persona se cree. El efecto Pigmalión para llegar a motivar a alguien que ni cree que tenga esas posibilidades.

C.R.: Somos como semillas, y todos somos ya en esencia, como decía Yogananda, el famoso yogui. Me gustaría empezar hablando de ambición, porque cuando uno piensa en el *ikigai*, tiende a imaginarse un propósito que provoque un impacto sustancial en el mundo. Estoy seguro que las personas de aquella aldea tenían «razones sencillas» para levantarse. ¿Es así? ¿Nos cuentas algunos de sus *ikigais*?

F.M.: Sí. Se trata de una aldea de agricultores y casi siempre mencionaban dos *ikigais*.

El primero era trabajar el huerto. Para ellos es muy importante levantarse temprano cada mañana, cuidar sus plantas, arrancar las malas hierbas, recolectar frutas y verduras para el almuerzo o compartirlas con algún vecino. Esta especie de mantra o ritual, en lugar de ser aburrido para ellos, es una suerte, poder repetir cada día una actividad que les conecta con la tierra. Tendría mucho que ver con esta filosofía que decía Milan Kundera en *La insoportable levedad el ser*, donde afirmaba que la felicidad es la posibilidad de repetir. Cuándo algo te gusta mucho, te gusta repetir. Entonces, aquellos hábitos, como cultivar cada día el huerto, es lo que te puede mantener con vida cien años porque te dota de cierta estructura. Así como hay personas que cada día tocan el piano, escuchan las noticias, o se van a dormir leyendo una novela, el hecho de que hayan repetido la misma rutina durante años no es algo negativo, sino todo lo contrario, les conecta con un hábito que les hace humanos, y en este caso les vincula con la tierra.

Y el segundo *ikigai*, que salió en todas las entrevistas, era conectar con los amigos. Para ellos, lo más importante es estar con los vecinos, saber cómo les van las cosas, cantar con ellos, celebrar cumpleaños, practicar deportes, etc. Allí, que la cultura es muy grupal, muy gregaria, que proviene de las tribus del norte de Japón, muy cerca ya de Filipinas, estar con los otros en sí mismo ya es un *ikigai*, poder compartir con aquellos que te han visto crecer y que han vivido etapas de la vida contigo es ya suficiente para sentirse llenos.

La felicidad nos la dan las personas con las que compartimos algo, aunque la actividad no sea gran cosa. Eso nos devuelve a las raíces del ser humano. El ser humano ha nacido para estar juntos. Para estar en grupo, para estar en clan. La soledad es algo muy moderno.

C.R.: Sí, tratamos este tema también en el capítulo dedicado al corazón. Nos sentimos bien vibrando juntos, latiendo juntos. De hecho, para mí, el *ikigai* está muy conectado con el corazón.

F.M.: Casi todos los *ikigais* tienen que ver con hacer el bien a otros. Hay muy pocos *ikigais* que son para uno mismo. Cuando se hacen encuestas, como la que hizo Mihály Csíkszentmihályi para el *Flow*[96] sobre cuáles son los momentos que nos hacen sentir más felices, siempre aparece algo que ayuda a la comunidad, músicos que tocan para un auditorio y sienten cómo la gente se emociona, enseñar a otras personas, etc. La mayoría de las cosas que nos llenan tienen que ver con algo que beneficia al mundo o al menos a nuestro entorno más cercano.

C.R.: Es la forma más elevada de felicidad.

F.M.: Y eso va en contra del prejuicio de que el ser humano es egoísta. Yo no diría que el ser humano es egoísta, simplemente a veces no es capaz de enfocar su ayuda a los demás. El hecho de dar es a lo que todo el mundo aspira.

C.R.: Dar es lo mejor, es un pozo infinito, como nos decía antes el gran Cipri. Lo que pasa es que no le damos el valor suficiente. Ni a dar, ni a la búsqueda de sentido.

F.M.: Ni se nos enseña lo que es amar. Las cosas fundamentales no se enseñan en la escuela. Con suerte te las enseñan tus padres. Por eso hay tantos libros sobre estos temas y tantos

---

96. M. Csíkszentmihályi, *Fluir (Flow): Una psicología de la felicidad*, DeBolsillo, Barcelona, 2008.

pasos en falso hasta que uno descubre cuál es su verdadero sentido.

C.R.: Y cómo podríamos ayudar al lector a que encuentre esa razón si no lo ha hecho ya, o si no es consciente de ella, ¿qué nos recomendarías?

F.M.: Yo creo que las personas que han encontrado un sentido a la vida pueden ayudar a otros a encontrarlo. Si la persona se encuentra confundida, puede acudir a su niñez. Ir a la infancia y recordar qué cosas hacía de forma natural. Los niños son muy espontáneos, alguno estará siempre leyendo, otro siempre en la calle, otro será más líder, etc. De niños, todos tenemos nuestros *ikigais* y nuestras pulsiones naturales. Lo que pasa es que luego, las capas de la educación, las ocupaciones, el trabajo, etc. lo van tapando, enterrando. Uno se llega a olvidar de quién es. Es como en la famosa charla de Randy Pausch, «la última lección», en la Universidad Carnegie Mellon, cuando le quedaban cuatro meses de vida. Él la tituló «la importancia de recuperar los sueños infantiles». Si recuerdas qué es lo que soñabas ser de niño, solamente tienes que recuperar algo que has perdido por el camino por intentar agradar a otros o cumpliendo obligaciones.

Eso por un lado. Y por otro, cuando estás en una etapa en la que te sientes perdido... ¡prueba y error! Usa el método científico. Has de ir probando cosas hasta que haces algo que resuena de forma especial dentro de ti. O, como dice Jodorowski, hacer listas de todo lo que no te gusta. En el momento en que sabes que esto no y lo otro tampoco, por eliminación, llegarás a lo que sí te gusta.

C.R.: Por retorno a la infancia o por exclusión.

F.M.: Exacto. Y se empieza, como dice Ken Robinson en *El elemento*[97], por saber cuál es tu elemento y cuál no lo es. Ken Robinson lo hace de una manera muy genérica, dice, igual que el agua es el elemento del pez, hay determinadas condiciones que pueden ser tu elemento o no. Para algunas personas puede ser el grupo, para otras la soledad, hay quien disfruta del aire libre, otros aprecian un trabajo repetitivo, hay quien necesita entrar y salir… tienes que hacer el chequeo de ti mismo, e identificar situaciones en las que te diviertes, rindes más y eres más útil a los demás, con lo cual, si ya detectas eso, a partir de aquí ya estás más cerca de tu *ikigai* y puedes empezar a concretarlo.

C.R.: ¿Cómo aprendemos a indagar en nosotros mismos?

F.M.: En este aspecto hemos ido hacia atrás. Cuando lees los diálogos socráticos, ves cómo los maestros de aquella época no decían lo que había que hacer, sino a través de la conversación con el discípulo, éste iba encontrando sus caminos. Para empezar, en las escuelas no se enseña retórica, no se enseña el arte de la discusión, no se enseña a conversar, aprendemos cosas técnicas, antes era con memorización y ahora le hemos puesto más foco al cálculo, la síntesis, etc. Pero estas herramientas tan humanas, como la conversación, el debate y la autoexploración, toca aprenderlas como asignaturas complementarias y ya de adultos.

C.R.: Desde niños se nos debería hablar de la búsqueda de sentido.

F.M.: Tal vez en el futuro se imparta una asignatura sobre *ikigai* en el colegio. La exploración del *ikigai* es muy útil en cualquier

---

97. K. Robinson, *El elemento: descubrir tu pasión lo cambia todo*, Grijalbo, Barcelona, 2009.

etapa de la vida, pero sobre todo en dos. La primera es cuando se termina tu etapa laboral, cuando una persona se jubila y se encuentra con un océano de tiempo que no sabe con qué llenar. En Japón, la palabra jubilación no existe, porque se mantienen activos durante toda su vida.

Y otro momento clave es la adolescencia, donde, con dieciséis o diecisiete años, tienes que decidir hacia donde dirigirás tu carrera y eso puede determinar tu futuro. Sería muy saludable tomarse un año sabático, para estos chicos que no saben exactamente lo que quieren.

C.R.: En el mundo anglosajón sí que se lleva más.

F.M.: Los americanos lo hacen. El famoso libro *Let's go Europe* obedece a eso, acaban el *High School* y se van un año a viajar o a trabajar en cualquier cosa, porque la decisión que vas a tomar va a determinar en gran parte tu vida. Hay chavales que lo saben, pero la inmensa mayoría no. Yo creo que esa pausa, si no es un año sabático, unos meses, es necesaria. Ahí yo creo que hay un gran error en el sistema educativo.

C.R.: Me gustaría conocer tu opinión sobre un factor generacional. En la conferencia de clausura de Harvard de hace un par de años, Mark Zuckerberg, un estereotipo milenial, hablaba de trabajar en un mundo donde no existiera ni una sola persona sin una sensación de propósito. ¿No crees que los milenials tienen la búsqueda de sentido mucho más interiorizada?

F.M.: Sí, esta generación tiene mucha más información que ninguna generación anterior en la historia de la humanidad. Hace treinta años, las posibilidades de lo que pensabas que podías hacer eran mucho más limitadas. Hoy en día con un clic puedes navegar por tantos caminos diferentes que hace más fácil que puedas explorar y encontrar tu lugar en el mundo.

C.R.: Sí, quizás pueden ver más alternativas.

F.M.: Sobre todo que, para cualquier alternativa que tengan, pueden encontrar un enorme caudal de información que antes no tenías. Con lo cual ahora tenemos más instrumentos que nunca para tomar decisiones. La cuestión es que la persona se tome el tiempo necesario para eso, o tenga la claridad mental para poder acceder a esa información.

C.R.: A eso yo creo que hay que sumarle que tienen menos paciencia, en sentido positivo y negativo, no aguantan casi nada haciendo una actividad que no sientan que les hace sentir plenos.

F.M.: Vivimos en una sociedad en la que a la satisfacción se accede con un clic. Igual que haces un clic en Amazon para comprar algo, o un clic en Facebook o Tinder para decir me gusta o no me gusta, hay quien lleva eso a las relaciones o al trabajo. Y sí que es cierto que cada vez hay una tolerancia más baja a la frustración.

C.R.: Sí, la tolerancia a la frustración creo que es una competencia clave.

F.M.: Influirá mucho de qué manera los padres han incentivado el talento en los hijos. Los padres están tan enganchados a las redes que tienen poco tiempo para prestar atención a los hijos. Y esto, saber cuál es el talento, el *ikigai*, la misión de un hijo, requiere miles de horas de conversación que muchos padres no tienen. No es que hables y lo vayas a saber ahora, es un trabajo de toda una vida. Los hijos son fruto también de la atención que les han procurado sus padres.

C.R.: Es muy importante esto que dices, porque como decíamos antes, dentro de cada uno de nosotros está la semilla de lo que vamos a ser en potencia, y a veces germina y otras no, pero siempre está ahí para aquellos que sepan verla.

F.M.: Y muchos delincuentes juveniles, de extracto social medioalto, en realidad son chicos a los que nadie quiso escuchar nunca, han crecido con las comodidades físicas cubiertas, pero nadie les ha cubierto las necesidades emocionales, dedicándole tiempo a saber cómo se sienten. Es lo que sucede en la época de la humanidad con más medios para comunicarnos, que es cuando más incomunicados estamos.

C.R.: Sí, más baja es la calidad de la comunicación.

F.M.: Puedes tener 5.000 amigos en una red social, pero cada vez es más difícil compartir un problema con alguien.

C.R.: Es curioso, en mi anterior libro, *Influencers*, quise dar una visión diferente sobre este fenómeno, por eso comencé hablando de la integridad y terminé con una entrevista sobre el poder de influir para cambiar el mundo. Creo que en este caso nos tocará regresar al espacio natural del ser humano que es el de la propia humanidad.

F.M.: Sí, vamos a tener que ser más humanos que nunca.

C.R.: Exacto.

F.M.: Y ser más humano será una ventaja competitiva.

C.R.: Justo eso es lo que pienso, que esa será nuestra ventaja frente a la máquina. ¿Crees que es medible el impacto del *ikigai*?

F.M.: El poder del ser humano está en el entusiasmo. Puede verse por ejemplo en la historia de las gestas militares, como en el caso de los soldados de Salamina. Un pequeño grupo de personas motivadas, con mucha fe en el objetivo que quieren conseguir, han podido vencer a ejércitos mucho más numerosos. Es un superpoder que tiene el ser humano.

C.R.: ¿Y algún consejo más para buscadores de *ikigais*?

F.M.: Aparte de explorar tus sueños de la infancia, en qué eras bueno, qué destacaban las personas mayores de ti, hemos hablado de prueba y error, del método científico, de saber cuál es tu elemento. Yo diría que para que el *ikigai* pueda surgir, lo que es necesario es tiempo con uno mismo, que es lo que no tenemos. Tenemos la tendencia de llenar la agenda con mil cosas. Para que surja el *ikigai*, es como el cuento de la taza de té y el maestro, que el maestro va llenando la taza hasta que el vaso rebosa, y cuando el discípulo replica, le contesta que él está igualmente lleno de sus propias creencias. Para que entre algo nuevo, hay que vaciar la taza. Y vaciar la taza puede significar quedar contigo mismo, como decía el libro de Walter Dresel, tómate un café contigo mismo[98], en lugar de ir corriendo de un sitio a otro con el móvil en la mano. Dejas el móvil en casa, te vas a una cafetería con una libreta y un bolígrafo, y te tomas un café contigo mismo. A veces lo más valioso es comprar un poco de tiempo. Y desde el vacío

---

98. W. Dresel, *Toma un café contigo mismo*, Booket (Planeta), Barcelona, 2012.

es de donde puede surgir la novedad. Crear un vacío para que surja algo nuevo.

C.R.: Yo soy fan de métodos de productividad personal y se da algo paradójico. Cuando el método funciona, y eres capaz de liberar tiempo de tu agenda para hacer todas esas cosas que soñabas hacer cuando tuvieras tiempo, se produce una sensación de vértigo que te lleva a intentar llenar tu agenda de nuevo de forma compulsiva. Porque realmente no quieres estar contigo. No te apetece escucharte, o no tienes práctica en ponerte a pensar durante un rato.

F.M.: Yo lo viví en las Alpujarras, en un centro de meditación budista muy famoso porque depende del Dalai Lama. Fui tres veces. Estás en total soledad. La primera vez que fui, me contaron que el 50% de las personas que iban por primera vez, huían durante la primera o la segunda noche. Yo vi a una de estas personas que escapaban. Me encontré con un hombre que iba hacia su coche y al preguntarle qué pasaba, me dijo, «la mente te ataca». Y es eso, a veces llenamos nuestro tiempo con mil cosas porque quedarte solo puede suponer que surja algo que no nos guste, o que nos obligue al cambio, o nos saque de nuestra zona de confort. Vamos llenándolo todo, no sea que aparezca la pregunta que no tiene que aparecer.

C.R.: Sí. Surge un impulso instintivo que nos mueve a llenarlo.

F.M.: Porque, si surge el vacío, igual aparece algo que está llamando a nuestra puerta y no queremos atender. Pero, ¿y si aparece nuestro *ikigai*?

C.R.: Exacto, ¿y si surge el *ikigai*? Gracias por tus consejos, Francesc, seguiremos buscando esa poderosa razón para levantarnos cada mañana.

Conócete a ti mismo para encontrar tu superpoder

Cuando llegué a Madrid a buscar trabajo, una de las primeras cosas que hice fue matricularme en Filosofía. Tenía 24 años, un trabajo precario y mucho tiempo para leer. Al acabar el primer curso, hice un viaje a Atenas y a la península del Peloponeso. Viajé allí solo, con la idea de seguir las huellas de todos aquellos grandes filósofos que había estudiado durante el curso. Recuerdo la emoción de llegar a las ruinas del templo de Apolo en Delfos, donde residía el famoso oráculo, y sobre cuya puerta, en la antigüedad, rezaba la inscripción «conócete a ti mismo». Al viajar sin compañía, con algún libro y mis pelotas de malabares, no tenía más remedio, como comentaba Francesc, que tomar muchos cafés-desayunos y cenas conmigo mismo, y eso siempre es un ejercicio saludable de autoconocimiento que deberíamos ejercitar.

El *ikigai* es sobre todo eso, un proceso de indagación, de «conocerse a uno mismo», como rezaba el oráculo, que no siempre sucede y a cuyo descubrimiento podemos llegar de forma súbita o gradual. Es descubrir la pasión de Dean por el SEO o la de Mullen por el patinaje, descubrir algo a lo que merezca la pena dedicarle toda tu vida.

El efecto que tiene el *ikigai* sobre las personas no se traduce solo en una cuestión de longevidad; el pack incluye también todas aquellas ventajas derivadas de vivir felices y plenos. Según diferentes estudios acerca de la incipiente pero poderosa «ciencia de la felicidad», las personas felices son un 43% más productivas (fuente: Hays Group), un 86% más creativas (fuente: Universidad de Berkeley), tienen un 66% menos de bajas por enfermedad (fuente: Forbes), rotan un 51% menos en sus trabajos (fuente: Gallup) y venden un 37% más (fuente: Martin Seligman). Contar con un *ikigai* es como multiplicar tus capacidades por uno y medio. Si esto no es un superpoder dime tú lo que es.

Pero, según la consultora Gallup, que lleva más de ocho décadas estudiando organizaciones en todo el mundo, solo 4 de cada 10 empleados tienen la oportunidad de dedicarse a lo que hacen mejor, solo el 15% está realmente comprometido con su trabajo (en EE. UU. alcanza el 30%), solo el 50% sabe lo que se espera de ellos, y solo el 21% piensa que se les está gestionando de una manera motivante.

Para diferenciarnos de las máquinas en el futuro del trabajo necesitamos trabajar desde nuestro *ikigai*, desde una «motivación aumentada» que solo un ser humano puede poner en marcha.

¿Cómo encontrar tu *ikigai*? Francesc nos ha dado consejos muy valiosos, desde recuperar tus sueños de la infancia, inspirarnos en personas que hayan encontrado su *ikigai*, pedir *feedback* sobre nosotros a otras personas, hasta meditar y pasar más tiempo contigo mismo para crear el espacio necesario para que el *ikigai* aflore. Puedes empezar con un viaje interior a tu infancia y rescatar los sueños que tenías, ¿te acuerdas?, ¿te atreves a viajar hasta allí?

¿Cuáles eran tus sueños de la infancia?
Soñaba con...

Después de viajar en el tiempo, te recomiendo que bloquees un par de horas, busques un lugar tranquilo, cojas un folio en blanco y trates de dar respuesta a estas cuatro preguntas:

Pregunta	Respuesta
¿Qué es lo que amas?	
¿Qué se te da bien?	
¿Qué crees que el mundo necesita de ti? ¿En qué eres más valioso para los demás?	
¿Por qué competencias-conocimientos-servicios podrías recibir un salario?	

El objetivo, tras este ejercicio, es que seas capaz de profundizar en la intersección entre esas cuatro preguntas (pasión, vocación, misión y profesión) y formular una oración del tipo de la siguiente, una propuesta de valor vital:

· ·

Yo _____ soy quien se levanta cada mañana para
[tu particular formulación de tu ikigai]

· ·

Te animo a que le dediques tiempo de calidad a buscar ese espacio, porque no hay nada más poderoso que vivir con sentido.

Carta de personaje:
«Ikigai»

SUPERPODERES	
Defensivos:	**Ofensivos:**
• **Coraza sagrada**. 200% extra de resiliencia. Fuerza que te ayuda a resistir la adversidad.	• **Felicidad aumentada.** Contar con un *ikigai* te aporta un extra de longevidad, plenitud, felicidad y productividad.

9

Siempre te quedará Marte

Mientras escribía este capítulo estaba preguntando un tema de sociales a mi hija. Trataba sobre los factores que provocaron la transición de la Edad Media a la Edad Moderna. Dos de ellos me llamaron la atención por sus paralelismos con la actualidad: el desarrollo de la imprenta (con su contribución a la difusión del conocimiento) y los avances en la navegación y el conocimiento del planeta que trajeron consigo los descubrimientos y las nuevas rutas marítimas.

Que Internet es la nueva imprenta ya se ha repetido hasta la saciedad. Me aburre hasta escribirlo, pero no puedo dejar de hacerlo porque las implicaciones son inmensas: tenemos la capacidad de crear sobre hombros de gigantes. Esto es algo que escribía Isaac Newton en una carta a Robert Hooke, en alusión a las aportaciones a su conocimiento de los logros de sus predecesores (Copérnico, Galileo, Kepler, etc.). Newton decía exactamente, «si he visto más lejos es porque estoy sentado sobre los hombros de gigantes», y esta afirmación es hoy más cierta que nunca.

Alvin Toffler, el famoso escritor futurista estadounidense, nos recordaba hace unas décadas que hay más científicos vivos en la actualidad que la suma de científicos de toda la historia precedente. Esto hace no solo que el conocimiento esté accesible a tiro de Google, sino que se duplique a un ritmo vertiginoso,

¡exponencial! Miles de personas contribuyendo al avance científico a la vez, montados sobre los hombros de sus predecesores y de sus contemporáneos. Como consecuencia, salvo involución, cada generación presenciará más avances que ninguna de las generaciones anteriores.

A principios del siglo pasado, dos personas podían estar inventando algo similar en lugares distantes del planeta sin ser nunca conscientes de ello y con una posibilidad muy remota de que sus vidas se cruzaran. Hoy no solo nos podemos sentar sobre hombros de gigantes; nos podemos sentar sobre los hombros de miríadas de gigantes y, dentro de muy poco, sobre miríadas de centauros. Tenemos un acceso al conocimiento sin precedentes en la historia de la humanidad, que crece a un ritmo exponencial, y que las máquinas nos ayudarán a seguir multiplicando a una velocidad difícil de asimilar.

En cuanto a los descubrimientos, tenemos la suerte de estar viviendo una nueva «carrera espacial». La anterior carrera, entre EE. UU. y la extinta URSS, supuso un enfrentamiento entre las dos potencias mundiales dominantes en la década de los 60 por tomar la delantera en su programa espacial. La llegada a la Luna del Apolo 11 en 1969 fue el hito fundamental, con las primeras imágenes de un ser humano, Neil Armstrong, caminando por nuestro satélite vecino. No solo se trataba de conquistar el espacio, era una cuestión de orgullo nacional en plena Guerra Fría.

Hoy, a EE. UU. y Rusia se le han sumado al menos China, India y Japón, en una nueva carrera espacial. La conquista del espacio es la fiebre del oro del siglo XXI. EE. UU. quiere mandar de nuevo astronautas a la Luna, China ha puesto sus ojos en Marte, ¡incluso España ha colaborado en una misión a Mercurio!

Pero no solo es cuestión de países, algunos gigantes tecnológicos (tan grandes como estados), con sus líderes visionarios al frente, están impulsando ambiciosos proyectos espaciales, como

Richard Branson (Virgin Galactic[99]), Elon Musk (SpaceX[100]), Jeff Bezos (de Amazon con Blue Origin[101]) o Larry Page (de Google, apoyando la compañía de minería espacial Planetary Resources[102]).

Bezos quiere convertir nuestro planeta en un inmenso jardín y crear una nueva civilización en el espacio; Branson quiere poner turistas en órbita, y Musk, además de estar obsesionado con «terrificar» Marte, puede presumir de liderar la primera compañía privada (SpaceX) en lanzar un cohete al espacio, el BFR.

Para cualquier persona con un mínimo de curiosidad será muy estimulante disfrutar del inicio de la conquista del espacio que nos espera en este siglo. Pero no solo es cuestión de curiosidad, también lo es de supervivencia. Si observamos el comportamiento de la especie humana con un poco de distancia, es fácil establecer una serie de paralelismos con respecto al cáncer. La especie humana:

- No contribuye a ninguna de las funciones del cuerpo anfitrión (nuestro planeta).
- Paulatinamente se apropia de los nutrientes del cuerpo anfitrión para su crecimiento y reproducción.
- No es eficazmente reconocido por el sistema inmunitario.
- Posee la capacidad de transferir su crecimiento agresivo a otras zonas del cuerpo anfitrión (metástasis).
- Finalmente, destruye al anfitrión (¡esperemos que no!).

Nos tenemos cariño como especie, pero somos una pequeña plaga, y nuestra relación con la tecnología, desde que agarramos

---

99. https://www.virgingalactic.com/
100. https://www.spacex.com/
101. https://www.blueorigin.com/
102. https://www.planetaryresources.com/

una piedra hasta ahora, ha marcado la tendencia exponencial de nuestra evolución. Cada vez somos más veloces. Somos como una manada de ratas corriendo sin control hacia un abismo, con la esperanza de que una de ellas tenga una ocurrencia que nos aleje del abismo temporalmente.

Como dice Michio Kaku, el famoso físico teórico especialista en la teoría de campo de cuerdas, «los dinosaurios se extinguieron porque no tenían programa espacial». **Necesitamos un plan B con cierta urgencia.**

Para hablar de este tema he escogido a un amigo bastante «espacial», David Vivancos[103].

Aprender de David Vivancos

David es un emprendedor en serie, en la actualidad es CEO de MindBigData y miembro del consejo de Emotiv Inc. (USA), empresa pionera en el desarrollo de interfaces hombre-máquina a través del pensamiento. También escribe, da clases y conferencias sobre IA, y siempre está dispuesto a charlar con los amigos.

C.R.: David, te tocó hablar del espacio, que sé que es un tema que te apasiona. ¿Qué va a pasar en las próximas décadas? ¿Saldremos del cuerpo anfitrión?

D.V.: Ya sabes que cuando predices el futuro lo más fácil es equivocarse. En 2005 creé una empresa de nanotecnología aplicada al espacio y me invitaron a dar una conferencia en San Francisco, en un congreso internacional de nanotecnología. Monté un panel precisamente de nanotecnología aplicada a la exploración

---

103. http://vivancos.com/

espacial. Ahí hice unas predicciones sobre los próximos cincuenta años de exploración espacial y su relación con la nanotecnología, de cómo podía ser un acelerador de todo esto y nos ayudaría a convertirnos en ese tipo de nueva especie, o, si no en una nueva especie, cómo podría mejorar nuestras capacidades.

C.R.: ¿Y qué tal se te dio?

D.V.: Las predicciones que hice se incumplieron en aproximadamente un 90%. Al menos no se han cumplido hasta ahora. Yo creo que predecir el qué es más fácil que predecir el cuándo. El gran reto siempre está en predecir cuándo suceden las cosas, más que si van a suceder o no.

En el caso de la exploración espacial, es un campo que, como sabes, siempre me ha gustado. Siempre he querido estar próximo a él. Quiero viajar al espacio, y pienso que la forma de acercarte a lo que quieres es intentar hacer cosas en esa dirección. El foco de la exploración espacial sigue estando muy estancado. Es decir, en los sesenta, setenta años, o un poco más, que llevamos explorando la parte alta de la estratosfera, la realidad es que la exploración humana ha representado una parte muy pequeña. Si lo enmarcamos en el total de todo lo que ha sucedido, es un tamaño muy pequeño. El número de personas o incluso de esfuerzos y recursos que se han destinado en esa dirección han sido relativamente pequeños.

Ese es el motivo de que no se hayan producido grandes avances, menos de quinientas personas han viajado al espacio en toda la historia de la humanidad. Solo dos países (y medio) y quizás una empresa privada, tienen capacidad hoy en día de llevar un ser humano al espacio. Para enviar objetos al espacio hay más países con capacidad, pero no así de enviar seres humanos. De momento solo tenemos, como tal, astronautas y cosmonautas, y ahora también taikonautas chinos, porque China se convirtió, tras EE. UU. y Rusia, en el tercer país con esa capacidad. Europa, por ejemplo, no ha querido desarrollarla. Se ha centrado más en las comunicaciones o en otro tipo de satélites. La exploración no tripulada también ha sido una de nuestras áreas de desarrollo.

Si nos fijamos en lo que ha sucedido en los últimos setenta o cien años, vemos que los avances han sido muy pequeños. Es cierto que podemos estar ante un punto de exponencialidad que haga que se dispare. Cuando yo monté Nanoespacio en 2005 también estaba todo el *hype* de la exploración privada del espacio. En 2004, una empresa privada fue capaz de mandar a un ser humano a 100 km. de altura, a lo que se llama el límite del espacio, donde se supone que se empieza a ver el cielo negro, aunque como sabes no existe un límite en ese sentido, pero parece que ese es el lugar. Y aun así, después de todo aquello, lo que volvió a producirse es un nuevo parón.

C.R.: ¿Por qué ese parón?

D.V.: Por muchos motivos, algunos tecnológicos y otros de la repercusión en vidas humanas. Cuando se pierden vidas humanas, como sucedió en alguna exploración espacial privada, suele suponer un parón importante en el desarrollo de esta disciplina. Y de hecho así fue. Es cierto que ahora se está produciendo un nuevo renacimiento, pero también es cierto que ese nuevo renacimiento está limitado. Si cambian mucho las cosas, podríamos estar hablando de una década, y sino probablemente sean unos cuantos años más. Entre otras cosas porque mandar 1 kg. de masa al espacio sigue teniendo todavía un coste elevado. Ese es el gran reto, no es lo mismo mandar sondas no tripuladas con inteligencia artificial o remota; es más difícil cuando tienes que enviar seres vivos, con todo lo que ello conlleva. Puede haber disruptores que hagan que cambie en una dirección u otra de manera muy rápida, pero no existe una varita mágica para predecirlo.

C.R.: Lo que quizás ha cambiado es que varios líderes de grandes organizaciones, con recursos casi infinitos, han convertido la exploración del espacio en su sueño.

D.V.: Sí, pero ya era así antes. Cuando yo monté Nanoespacio también estaba Bezos con Blue Origin. Elon Musk había lanzado SpaceX poco tiempo antes. Al final, el dinero que hace falta para convertir este sueño en realidad dependerá del desarrollo tecnológico en cada momento. La tecnología es clave en todo esto. Qué capacidad tecnológica tenemos como especie para hacer que ese sueño se convierta en una realidad. La capacidad tecnológica ha crecido drásticamente pero todavía la capacidad para hacer que la exploración espacial sea un terreno más humano es relativamente limitada. Es mejor que hace cincuenta años pero nos sigue costando muchísimo mandar un ser humano al espacio.

C.R.: ¿Cuándo crees que cambiará esto? ¿Dónde ves un punto de inflexión?

D.S.: Tiene que producirse un cambio tecnológico. Es una de las razones por las que fundé Nanoespacio. Había que reducir órdenes de magnitud ese coste. Me da igual que sea con nanotecnología, que es por dónde yo empecé, pero hay que reducir ese coste. Tiene que estar prácticamente en el orden de lo que cuesta hoy volar. De hecho, por eso todos los programas que se hicieron para potenciar la exploración espacial trataban de volver a reeditar el espíritu de San Luis, por Charles Lindbergh, donde surgió la aviación. Cuando el coste se reduzca órdenes de magnitud el resto llegará solo. Igual que uno no piensa cuando va al aeropuerto lo que costó el primer vuelo de avión, aquí estaríamos en una situación parecida, en un intento de hacer posible el acceso al espacio.

Es cierto también que el espacio tiene otros componentes un poco distintos que el aire, en el aire tampoco podemos vivir, pero los retos de vivir en el espacio son distintos, el cuerpo humano no está diseñado para la radiación. Tanto los retos de la propia vida en el espacio como los de reducción del coste son las grandes limitaciones que hay que ir salvando.

C.R.: ¿Piensas que estamos ante una nueva carrera espacial en la que habrá que dedicar muchas personas a resolver estos retos?

D.V.: Sí, personas o máquinas. No sé si será el ser humano el que dé con la clave de la ecuación. La tecnología nos hará progresar más rápidamente. Y pienso que ese impulso a la carrera espacial existe, es real, de hecho lo estamos viendo ahora con la vuelta a la Luna.

C.R.: Se están alineando muchos factores, capacidad de cálculo con crecimiento exponencial, explosión de la inteligencia artificial, irrupción de China, Bezos, Branson y Musk compitiendo por salir al espacio... ¡incluso España está participando en una misión a Mercurio!

D.V.: Sí, estamos en un momento distinto, pero los retos básicos persisten. Por supuesto que ha habido avances, no hay que negarlo, pero especialmente en la exploración espacial seguimos

Siempre te quedará Marte **193**

con la ecuación del cohete. Todos los sueños de otras técnicas, como el ascensor al espacio basado en nanotubos de carbono[104] u otras muchas cosas, han quedado de momento en agua de borrajas. No se ha invertido suficiente en hacer que sea factible. Yo creo que la tecnología que sea capaz de escalar se llevará la palma.

C.R.: También contamos con la posibilidad de apoyarnos en las máquinas para pensar.

D.V.: Eso puede acelerar la búsqueda para que ese crecimiento sea más exponencial y menos lineal. La inteligencia artificial va a jugar un papel importante en la carrera espacial.

C.R.: ¿Y cómo de urgente es que el ser humano pueda salir del cuerpo anfitrión?

D.V.: Es urgente porque va en contra del espíritu humano de exploración que vayamos a un sitio (la Luna) y tardemos cincuenta años en volver, y, por otro lado, hay ciertos motivos que pueden hacer que la vida en la Tierra se complique, demográficos, climáticos, y otros más existenciales e improbables, como la probabilidad de eventos de extinción masiva, la caída de un asteroide, un reverso magnético, etc., pero predecir eso es otra historia.

C.R.: Como decía al principio del capítulo, veo muchas similitudes entre el momento actual y la transición a la Edad Moderna, como si estuviéramos ante un cambio de era, como si se estuvieran conectando algunos puntos.

---

104. https://blogthinkbig.com/ascensor-espacial-de-nanotubos-de-carbono

D.V.: Uno de mis libros favoritos, que está relacionado con una serie de James Burke que se emitió en la BBC a finales del siglo pasado, y que después se convirtió en el libro *Connections*, es clave para entender todo esto. Cuenta todas esas condiciones del pasado que han habilitado el mundo actual, porque son descubrimientos que unidos a otros descubrimientos anteriores nos han llevado hasta donde estamos ahora. Toda la historia es un cúmulo de conexiones, igual que la vida de una persona también lo es. En ese grupo de conexiones es donde construimos nuestro presente y nuestras capacidades como ser humano. Seguro que hay cosas que se descubrieron hace cientos de años que se demostrarán que son relevantes para esto que estamos hablando en el futuro próximo.

C.R.: Hablando del sentimiento de urgencia y de riesgos existenciales (cambio climático, IA, biotecnología y armas nucleares). ¿Cuánto tiempo crees que tenemos[105]?

D.V.: Yo creo que el que hagamos que este planeta sea inhabitable es complejo. Lo que sí veo es que lo hagamos inhabitable para el número de personas que vivimos actualmente en él. No veo el cambio climático como una posibilidad de extinción masiva. Muy mal tendríamos que hacerlo para que nuestro planeta sea totalmente inhabitable por un ser humano. El ser humano es bastante adaptable y ha encontrado la manera de vivir incluso en espacios inhóspitos, como el desierto o el propio espacio. Incluso un planeta Tierra, no como el que conocemos ahora mismo, podría seguir siendo habitable.

Lo que sí puede suceder es que condicione que el número de personas que vivan en la Tierra sea mucho menor. Tendrían que

---

105. El famoso astrofísico Martin Rees predecía que la Humanidad tenía un 50% de posibilidades de extinguirse en el siglo XXI.

desarrollarse otras técnicas para solucionar los problemas que nosotros mismos hemos creado. Pero bueno, eso es algo que se nos da muy bien, crear problemas que solucionar después, es bastante innato al ser humano.

No veo que sea un riesgo de extinción que haga inhabitable el planeta al nivel de otros sucesos, como un supervolcán, o que haga inhabitable la vida durante cientos o miles de años. Existen otras amenazas que sí que pueden hacer eso más cercano en el tiempo.

C.R.: ¿Cómo cuáles?

D.V.: El día que dependamos de la tecnología para vivir. Ya sabes que para mí el concepto de la Singularidad Tecnológica es un poco distinto de como está normalmente establecido. Para mí la Singularidad es el punto en el que el ser humano no podrá vivir sin tecnología. En una estación espacial ya estaríamos en ese punto, no podrías sobrevivir sin tecnología. En la Tierra no es así todavía. Salvo que haya un cataclismo de proporciones bíblicas, es difícil llegar a una destrucción total. Puede provocarlo el ser humano pero no es fácil. Como decía Michio Kaku, que le citabas antes, hay pocas civilizaciones que llegan al nivel 3 o 4 por esa razón, porque se autodestruyen una vez que comienzan a descubrir cómo funciona el átomo.

C.R.: No conozco esa clasificación, ¿cómo enumera Kaku las civilizaciones?

D.V.: Depende del tipo de energías que puedes llegar a dominar. Comenzaríamos con la electricidad, con energías de ese tipo, después vendría la energía atómica, luego la planetaria, más tarde energías como la del propio sol y, por último, la energía de la galaxia. Establece diferentes niveles del desarrollo de las civilizaciones en función de su dominio de la energía. Lo que dice es que muchas se autodestruyen cuando descubren el átomo. Con flechas es más difícil autodestruir una civilización, pero con armas nucleares nuestro potencial de hacer daño escala.

La IA, de todas las que has nombrado, sin ninguna duda es el gran reto, porque va a llegar mucho antes de lo que la mayoría de las personas imagina. Y ese sí que es el gran reto existencial. Existencial desde el punto de vista de cómo conocemos ahora mismo al ser humano. No existencial de cómo el ser humano ha sido capaz de crear algo más inteligente que él mismo, pero sí de cómo conocemos hoy en día al ser humano. Hay quien da predicciones de cien años, ya sabes tú que esas predicciones de cien años no me las creo. Me cuesta creer muchas predicciones, pero en especial las de cien años. Pero no por eso hay que menospreciar a las personas que a través de la ciencia ficción o de otros mecanismos tratan de predecir el futuro.

C.R.: Sobre todo porque parten de una visión estática del resto de variables. En un modelo en el que todas las variables inciden causalmente en las demás el resultado se hace más difícil de predecir.

D.V.: Exacto. Es normal que el ser humano trate de hacerlo, predecir el futuro y prepararse para él.

C.R.: Sobre todo porque operan fuerzas muy primarias (amor y miedo) detrás de todo esto. Sentimos amor por nuestros hijos y nos da miedo dejarles como herencia un futuro inhóspito. Este es un libro atípico en este sentido, tiene mucho de filosofía y espiritualidad, porque pienso que estamos ante un reto del ser humano como especie.

D.V.: Lo que sucede es que estamos en órdenes de magnitud que son muy diferentes a otro tipo de cambios que han sucedido en el pasado. Yo estoy totalmente en contra del concepto de la 4ª revolución industrial como la forma de definir lo que está sucediendo. Lo que ocurrió en las anteriores revoluciones industriales estaba relacionado con el trabajo pero aquí va más allá, porque nos afecta como especie.

Si lo que se crea (de forma inexorable) es una nueva especie que será superior en órdenes de magnitud a la propia especie que la ha creado, es difícil, para la propia especie que lo crea, que sea capaz de limitarse o protegerse frente a eso. Entre otras cosas, porque nuestras capacidades de pensamiento estarán muy por debajo.

Por poner un ejemplo, un ser humano será a la inteligencia artificial lo que un gusano al ser humano. Es una analogía que me gusta mucho. Es difícil pensar que un gusano, con perdón por comparar al ser humano con un gusano, sea capaz de entender lo que está pensando el humano. Por eso digo que más que tratar de controlarlo o comprenderlo, uno tiene que empezar a asumir la situación que nos tocará vivir en los próximos años. La aumentación humana puede ser un camino que abra otras puertas distintas a esto que estamos hablando, porque, si el ser humano se aumenta, a través de tecnología, pues efectivamente las capacidades ya podrían ser otras distintas. Y con esa aumentación, sí podríamos hablar de otro tipo de simbiosis, aunque sería una mezcla de ser humano y de otra cosa.

C.R.: ¿Y una aumentación en qué plano, tecnológica, genética, ambas?

D.V.: Ambas, inicialmente la tecnológica, porque la genética probablemente lleve más tiempo. Nuestro conocimiento del genoma es limitado y a través de la tecnología lo conoceremos un poco más, pero todavía estamos lejos de llegar ahí. Yo creo que al principio será tecnológica, y a través de la tecnológica llegaremos a la genética, conocer el genoma, manipularlo, etc. Pero hablamos de seres humanos que ya no extienden sus capacidades con tecnología, como hemos hecho en toda la historia de la humanidad. Aquí hablamos de otra cosa, de mediante tecnología construir una nueva versión, el próximo nosotros.

C.R.: ¿Te atreves a dar fechas?

D.V.: Yo creo que, de aquí a quince años, nos va a tocar decidir si queremos ser seres aumentados o no. Para mí la superinteligencia, o ese punto de no retorno de la inteligencia artificial, quizás lleve menos de veinte o veinticinco años también. De nuevo hay muchos factores que pueden retrasarlo, pero aquí ya no hablamos de una tecnología como la atómica por ejemplo, que requiere infraestructuras complejas, aquí, conceptualmente, se podría construir en un garaje. Esos tiempos se pueden dilatar, por ejemplo, legislando mal, que es lo que se está haciendo en general, pero no evitar. Caminamos inexorablemente hacia esa dirección.

C.R.: El «gusano» que decías antes a veces entorpece el proceso.

D.V.: Sí, pero eso es válido cuando para hacer un movimiento te hace falta todo ese engranaje, pero si te vas a la filosofía *hacker* o parecida, si lo puedes construir en un garaje, pierde más sentido. No total validez, pero hace más complejo tratar de limitarlo. Los países que lo retrasen, que hay muchos, van a perder competitividad.

C.R.: Porque a otros países no les va a temblar el pulso.

D.V.: Es una cuestión de mirar con los ojos apropiados a la situación. Si miramos con los ojos del pasado, buscaremos soluciones del pasado. Cuando se trata de cambios de paradigma hay que afrontar cambios muy distintos. Ya sucedía a finales de los años 90, cuando entonces Corea del Sur estaba afrontando lo que hoy llamamos la digitalización. Lo mismo que hoy pero con otras técnicas, y la gente se escandalizaba porque los chavales desde muy pequeños ya estaban muchas horas con la tecnología. Parecía que aquello era una disfunción, algo poco humano. Y solo hay que comparar cómo ha evolucionado su producto interior bruto en las últimas dos décadas y cómo han evolucionado muchas de sus empresas.

Utilizar políticas y estrategias proteccionistas de corto plazo para evitar problemas sociales que no somos capaces de controlar puede acarrear un problema mayor a largo plazo. Yo entiendo que la visión cortoplacista es la típica de una democracia tal y como la conocemos, pero hay que ir a otros modelos que nos permitan visiones a más largo plazo, que es básicamente la que utiliza China u otros países para ser más competitiva.

C.R.: A la superinteligencia le damos una ventana de veinte o veinticinco años, y en cuanto al espacio, si vivimos lo que un ser hermano normal, ¿lo vamos a ver nosotros?

D.V.: Esa es otra reflexión. El tema de la longevidad es otro de los grandes cambios que se van a producir y va a habilitar a que podamos vivir bastante más tiempo, y quizás algún día, como decía Richard Friedman, el padre de la nanotecnología, pues eso de la muerte es algo que los físicos, los químicos y los biólogos arreglarán algún día. Si más o menos tenemos una vida correcta y saludable quizás vivamos más de lo que podemos imaginar. Entonces sí nos daría tiempo a ver todas estas cosas que comentas.

C.R.: ¿Cuándo convertirá Bezos la Tierra en un jardín? ¿Branson? ¿Musk? ¿Les dará tiempo en su vida?

D.V.: Quizás la palabra sea esperanza... yo tengo la esperanza de que les dé tiempo, pero efectivamente tienen que resolver muchos retos antes, incluso el propio reto de la longevidad. Una de las tareas a la que deberíamos dedicar el último tramo de la vida laboral quizás sea precisamente eso, a cómo extender nuestra propia vida. Sería un buen propósito vital, en lugar de prepararse para envejecer y tener una jubilación adecuada, quizás debería ser lo contrario, ver de qué manera somos capaces de darle la vuelta al reloj biológico.

C.R.: Ya hay muchas iniciativas en esta línea, ¿no?

D.V.: Hay muchas pero son pocas. Son pocas para el reto tan grande que es.

C.R.: Sí, es verdad.

D.V.: De nuevo la inteligencia artificial nos ayudará a avanzar en esa dirección, pero el reto es muy grande. Si el marco temporal es limitado quizás ese sea el primer problema a resolver.

C.R.: ¿Qué recomiendas al ser humano en este contexto apasionante?

D.V.: Al ser humano le recomiendo que siga teniendo este espíritu de exploración, de búsqueda continua de lo desconocido y que mantenga una mente abierta a los cambios. Hay muchos cambios que van a ser de mentalidad. En el pasado la religión tuvo mucho que ver sobre cómo aprendimos a llevar ciertas situaciones de la vida, quizás ahora haya que buscar otros mecanismos que nos acerquen a esa nueva realidad cambiante.

C.R.: Hablaremos de este tema más adelante, de la religión del futuro, una especie de ética galáctica.

D.V.: Nos hará falta, porque para los retos que nos vienen deberíamos tener más una visión de conjunto, mucho más allá de lo que ha sido la Unión Europea, Naciones Unidas o los EE. UU. Habría que ir a una visión donde nadie quede excluido de las decisiones que se van a tomar.

C.R.: Sí, porque es un reto como especie.

D.V.: Y no hay que caer en el victimismo, hay que tratar de ser parte de todo esto que está sucediendo y que va a suceder. Que lleguemos más lejos dependerá de cómo lo hacemos juntos, y no de hacer cada uno la guerra por su cuenta. Son retos que suponen muchos cambios de actitud de muchas personas y de visión del bien común.

C.R.: Gracias, David, siempre es un lujo charlar contigo.

¿Qué retos traerá el plan estratégico para nuestra especie?

De la conversación con David me quedo sobre todo con el espíritu de exploración, de búsqueda de lo desconocido y de apertura a los cambios. De ser parte de esta grandísima aventura. Cuando hablábamos del gato de Schrödinger, ya veíamos que era difícil saber si el gato estaba vivo o muerto, y, si el qué no es fácil, mucho más difícil es el cuándo.

Pero si tuviera que apostar, o alguien me encargara realizar un **plan estratégico para nuestra especie**, me centraría en **tres líneas de actuación**.

La primera sería la relativa al **ser humano como especie** y a su evolución. Aquí entrarían todos los aspectos filosóficos, emocionales, éticos y biológicos sobre la mejora de la especie, su aumentación (genética, tecnológica o híbrida) y su longevidad. No solo desde el prisma técnico, también emocional.

La segunda trataría sobre el **cuidado del «cuerpo anfitrión»**, que concierne a todas aquellas disciplinas necesarias para extender la vida de nuestro precioso planeta. El cuidado de nuestros mares y océanos, de nuestros bosques, del aire que respiramos y de todas las especies con las que compartimos planeta.

Y la tercera y última sería el Plan B, la **preparación ante una «metástasis»**. Preparar a nuestra especie para saltar hacia otros cuerpos anfitriones. Al ritmo de consumo actual de nutrientes, el ser humano necesitará, más pronto que tarde, extenderse a otros cuerpos y convertirnos de facto en una especie multiplanetaria.

Cualquier de estas tres líneas de actuación acarreará retos gigantes y creará empleo, ya sea para cuidar y aumentar al ser humano, cuidar nuestro planeta, o conquistar el espacio.

Si quieres forzar un proceso de ideación, imagina nuevas profesiones o evolución de las actuales en cada una de las tres líneas: **ser humano, planeta y espacio**. Aquí van algunas ideas.

Mejora del ser humano	Terapeutas, coaches, docentes en áreas de conocimiento (profesores singulares), psicólogos, psiquiatras especializados en las nuevas patologías, nuevas áreas de mejora y nuevos problemas sociales.
	Profesionales de la longevidad, genética, biotecnología, química, biología, medicina, dietética, nutrición, biomecánica, fisioterapia, expertos en medicina personalizada, en microbioma, proteómica, etc.
	Desarrollo de robots asistenciales.
	Desarrollo de wearables e implantes tecnológicos.
	Realidad virtual para vivir nuevas experiencias o entrenar competencias.
	Impresión 3D de prótesis, órganos y tejidos.
	Profesionales de la automatización y análisis de datos (informáticos, matemáticos, industriales, etc.)
Cuidado del planeta	Agroalimentación y cambio climático.
	Ingeniería ambiental, biología, química.
	Energías renovables y alternativas.
	Tecnologías para la sostenibilidad (aire, residuos, agua, etc.).
	Trazabilidad alimentaria.
	Nuevos materiales (guerra contra el plástico).
	Tecnología de reciclaje.
	Sensórica para el planeta, trazabilidad y análisis de datos.
	Transformación del sector logístico, drones, impresión 3D y desmaterialización de la economía.
Conquista del espacio	IA aplicada a la exploración espacial.
	Nanotecnología y nuevos materiales.
	Nuevas fuentes de energía.
	Expertos en terraformado, criogenización y vida no basada en el carbono.
	Todas las profesiones relacionadas con la posibilidad de vivir en el espacio (arquitectura, materiales, alimentación, etc.)

No es tanto la novedad en la profesión sino su reorientación en la aplicación que le damos en base a los nuevos retos. ¿Qué más se te ocurre que requerirá la nueva versión del ser humano en el espacio? (suena lejano, pero está más cerca de lo que imaginas).

Carta de personaje:
Espacio (pensamiento espacial)

SUPERPODERES

Ofensivos:

Cohete psíquico. Capacidad para orientar tu conocimiento y competencias a resolver algún aspecto de uno (o varios) de los tres grandes retos del ser humano para el siglo XXI.

- Mejora del ser humano.
- Cuidado del planeta.
- Conquista del espacio.

10

Entrena tu pensamiento exponencial

Si la tecnología crece a un ritmo exponencial, tenemos que intentar que nuestro pensamiento viaje al menos a la misma velocidad que ella. Se trata de adelantarse, de imaginar qué nuevas posibilidades serán habilitadas por la tecnología. ¿Tu modelo de negocio necesita una capacidad de cálculo que ahora no está disponible pero que lo estará en cinco años? ¿Imaginas una nueva necesidad (inexistente hoy) que surgirá de dichos cambios?

He hablado bastante sobre este tema en mi blog[106] y en alguna conferencia: tecnologías exponenciales, organizaciones exponenciales y pensamiento exponencial.

Todo parte de la ley de Moore a la que hacíamos referencia en el capítulo dedicado a la Singularidad. Es un tema bastante manido, todos los que hablamos del futuro arrancamos con Moore. Para que te hagas una idea, hace unos meses, en un gran evento de transformación digital, ¡fui el tercer ponente en proyectar en mi presentación una gráfica con la ley de Moore! ¡Aburrimos! Lo peor no es ser repetitivo. Lo peor es que los asistentes no suelen asimilar el impacto que esa ley puede tener en sus vidas, ni la proyectan hacia el futuro para imaginar oportunidades inexistentes hoy en día.

---

106. https://carlosrebate.com

Una vez asumes que la tecnología vuela, lo primero es darse cuenta que no se trata solo de que la tecnología vuele. No es solo que dentro de cinco años vayas a tener un móvil más potente en tu bolsillo. La tecnología influye en todos los sectores de la sociedad (sanidad, banca, seguros, energía, transporte, telecomunicaciones, etc.) y ejerce un rol clave en el desarrollo de la inteligencia artificial, la biotecnología, la nanotecnología y la robótica.

Este patrón de crecimiento que se da en los circuitos integrados, Kurzweil, el gurú de la Singularidad, lo extiende a la tecnología en general y lo llama «Ley de Rendimientos Acelerados» (LOAR en inglés), con patrones de crecimiento ×2 que se remontan hasta 1900, mucho antes de la ley de Moore.

Puedes pensar que si viene pasando desde 1900 y fuimos capaces de sobrevivir y adaptarnos a ese crecimiento exponencial durante el siglo xx, ¿por qué no seríamos capaces de hacerlo del mismo modo en este siglo? Pues muy simple, porque la curva se acentúa. En unas décadas podríamos no ser capaces de asimilarlo sin tomar alguna medida drástica: o contener el avance de la tecnología o fusionarnos con ella.

Si asumes que tu vida va a cambiar de forma significativa y vertiginosa en este siglo, la siguiente pregunta es: ¿de qué me sirve a mí?, ¿qué puedo hacer yo para adecuarme a esa velocidad? Una de las principales motivaciones de este libro es justo esa.

Lo más interesante que he encontrado en este sentido es el trabajo de Salim Ismail, de Singularity University[107], en su libro

---

107. Institución académica en Silicon Valley cuya finalidad es «reunir, educar e inspirar a un grupo de dirigentes que se esfuercen por comprender y facilitar el desarrollo exponencial de las tecnologías y promover, aplicar, orientar y guiar estas herramientas para resolver los grandes desafíos de la humanidad». Su nombre hace referencia a la llamada singularidad tecnológica. Se ubica en el Centro de Investigación Ames de la NASA en Mountain View, California y está dirigida por Ray Kurzweil. Fuente: Wikipedia.

Organizaciones Exponenciales[108]. Se considera que una organización es exponencial (ExO[109]) cuando su impacto es desproporcionadamente grande, al menos diez veces superior al compararla con otras empresas de su sector. Salim sintetiza en su libro las diez características o atributos que dichas organizaciones comparten entre sí, cinco correspondientes a cada hemisferio del cerebro. En el hemisferio derecho tenemos S.C.A.L.E.

- S: Empleados a demanda (*Staff on Demand*).
- C: Comunidad y entorno (*Community & Crowd*).
- A: Algoritmos (*Algorithms*).
- L: Activos Externos (*Leverage Assets*).
- E: Compromiso (*Engagement*).

Y en el hemisferio izquierdo tenemos I.D.E.A.S.

- I: Interfaces (*Inferfaces*).
- D: Cuadros de mando (*Dashboards*).
- E: Experimentación (*Experimentation*).
- A: Autonomía (*Authonomy*).
- S: Tecnologías Sociales (*Social Technologies*).

Si quieres profundizar te recomiendo que leas su libro, merece la pena. Aquí solo me gustaría compartir las que son mis características favoritas de una organización exponencial.

La primera, que no está entre las diez anteriores, es lo que denominan Propósito de Transformación Masiva (PTM). Las or-

---

108. S. Ismail, M. S. Malone, Y. van Geest, *Exponential Organizations: Why new organizations are ten times better, faster, and cheaper than yours (and what to do about it)*, Diversion Books, 2014.

109. ExO: Expontential Organizations.

ganizaciones exponenciales tienen una misión milagrosa que declaran con absoluta sinceridad, ya sea transformar un sector, una industria o un trozo del mundo. Este PTM es su poder de atracción, el eje de su comunidad, tribu y cultura, y su imán para atraer el mejor talento del mundo.

La segunda consiste en hacer un uso extensivo de recursos que no son de su propiedad (desmaterializando o desintermediando un sector). Esto aplica a activos físicos (L: Activos Externos), humanos (S: Empleados a demanda y C: Comunidad y entorno) o sistemas (I: Interfaces). El crecimiento de Airbnb, Uber, Waze, etc. es factible porque su capacidad para escalar no depende de recursos propios, consiguen escalar gracias a nuestras casas, nuestros coches o nuestros teléfonos móviles. Waze no tiene que poner un nuevo radar o una cámara para conocer el estado del tráfico, nuestros teléfonos lo hacen para ellos. La clave es desacoplar nuestro crecimiento del crecimiento de nuestros activos, que era el enfoque lineal clásico.

Hyatt, por ejemplo, una prestigiosa cadena de hoteles, para duplicar su valor, necesitará duplicar su número de hoteles y empleados (pensamiento lineal). Airbnb, sin embargo, no necesita duplicar su número de propiedades, simplemente porque no tiene, ni duplicar su número de empleados. Airbnb, con alrededor de 1.000 empleados y sin propiedades, genera varias veces las ventas de Hyatt, con 45.000 empleados y 500 hoteles por medio mundo. Las organizaciones exponenciales duplican sus ingresos sin duplicar su organización.

¿Cómo es factible lograr esto? Pues porque además de tener un gran PTM y usar activos que no son suyos, las ExO se apalancan en la tercera de mis características favoritas, la información como mayor activo (A: Algoritmos y D: Cuadros de mando). Convierten datos (sobre lo que sea, alojamientos, coches, tráfico, etc.) en información, información en conocimiento, conocimiento en visión, visión en sabiduría, y sabiduría en impacto. Y, de esta forma, hacen realidad su Propósito de Transformación Masiva.

La buena noticia es que nada te impide pensar como una ExO, familiarizarte con sus características e incorporarlas a tu empresa, a la actual o al diseño de una nueva que crees con tu recién estrenado pensamiento exponencial. Lo que está claro es que las «organizaciones clásicas» no funcionan al ritmo adecuado en un mundo exponencial basado en la información. Como afirma David S. Rose, «cualquier compañía diseñada para triunfar en el siglo xx está abocada al fracaso en el siglo xxi».

Aprender de Alfredo Rivela

Como el pensamiento exponencial me apasiona, quise seguir descubriendo más charlando con uno de nuestros pensadores exponenciales en Silicon Valley, Alfredo Rivela. Alfredo es fundador y presidente de Kabel[110], donde, entre otras cosas, trae a España el *ExO Sprint*. Además es CEO de Turning Tables, un laboratorio de innovación energética, y miembro y embajador de ExO Works[111], desde donde acompañan a las organizaciones en su crecimiento exponencial.

C.R.: Alfredo, ¿cómo se entrena el pensamiento exponencial?

A.R.: Desde el punto de vista del pensamiento, yo creo que hay que renunciar a pensar que vamos a pensar exponencialmente. No está en la naturaleza humana, nuestro cerebro funciona linealmente, si mis pasos son de un metro, tres pasos son tres metros. Es importante ser consciente de esa limitación cada vez que hagamos asunciones o predicciones sobre la evolución del mundo y en concreto de las tecnologías exponenciales, para cuestionar nuestra asunciones.

C.R.: ¿Y cómo podemos *hackear* el estilo de pensamiento lineal?

A.R.: Un ejercicio mental, que a mí me ayuda a imaginar esos escenarios fuera del pensamiento lineal, son los «¿y si …?». Pensar por ejemplo, «y si todo el mundo pudiera imprimir en 3D cualquier diseño, ¿cómo afectaría a mi industria?, ¿qué pasaría con el sector logístico?», o «y si se extendiera y popularizara la

---

110. https://www.kabel.es
111. https://www.exo.works

realidad virtual, ¿cómo afectaría a los viajes y las agencias?, ¿viajaríamos menos?».

El primer reto para todos es convencernos de que las cosas van mucho más rápido y que todo está más relacionado entre sí que nunca. Hace años solo te fijabas en lo tuyo, en tu industria, pero ahora, con la digitalización, que es lo que está acelerando este proceso, las industrias están mucho más interconectadas. Este tipo de pensamiento, estarse cuestionando «qué pasaría si», nos permite ir más allá, y a veces, es más fácil hacerlo con negocios que no te tocan para nada.

Yo creo que lo primero que hay que hacer es despertar a esta realidad y, una vez asumido que esto es así, convencernos de que hay que cambiar de forma de pensar para poder asumir esos nuevos retos.

C.R.: Sobre pensar en otros negocio, la mayoría de las innovaciones llegan siempre desde fuera de la industria donde se producen.

A.R.: Efectivamente, y además cada vez las industrias están más relacionadas. Lo primero es empezar a pensar en qué pasaría si, y lo segundo mirar a las industrias de tu alrededor, porque aunque creas que no te están impactando, cada vez te impactan más. Todo está cada vez más relacionado. ¿Conoces *Exponential Transformations*[112]?

C.R.: No.

---

112. S. Ismail, F. Palao, *Exponential Transformations, The ExO Sprint Playbook to Evolve Your Organization to Navigate Industry Disruption and Change the World*, Diversion Books, 2018.

A.R.: La clave de las ExO está en el «cómo». *Exponential Organizations* es un buen *framework* de pensamiento que nos explica por qué algunas organizaciones crecen diez veces más que sus competidores en el mismo mercado, y lo hacen a través de una serie de características o atributos comunes. Pero no explican cómo lograrlo. *Exponential Transformations* es más práctico, va más al «cómo», con un formato parecido al *Business Model Generation*, e incluye la metodología del *ExO Sprint*.

C.R.: ¿Nos hablas un poco del *ExO Sprint*?

A.R.: El *ExO Sprint* es la práctica del «cómo». Un proceso práctico de diez semanas con instrucciones sobre qué tienes que hacer para transformar tu organización. Examinas qué «atributos exponenciales»[113] tienes implementados en tu compañía, y qué otros puedes implementar y cómo. Las primeras cinco semanas son de exploración, de entender qué hay fuera y también de entenderte a ti mismo. Se lleva a cabo en dos grupos de trabajo distintos. Uno es lo que llaman *Edge*, que pone el foco en ideas o compañías que están fuera de tu modelo de negocio, que están en la frontera, y otro es el *Core*, que se centra en todo lo que hace a tu compañía más adaptable y flexible. Se trata de innovación incremental sobre tu modelo de negocio utilizando alguno de los atributos de las ExO.

C.R.: ¿Y cuál es el objetivo?

A.R.: El objetivo es capturar la abundancia. Todo está basado en cuatro principios básicos, y el primero es la digitalización. Cuando digitalizas un sector se produce abundancia de otro tipo de

---

113. Los atributos de la ExO que veíamos antes.

recursos y lo convierten en más fácilmente accesible. El siguiente paso es la disrupción, porque aparecen nuevos entrantes. Por ejemplo, la digitalización del coche permite que empresas como Dyson, que es un fabricante de aspiradoras, pueda estar trabajando en la construcción de un modelo de coche eléctrico-autónomo. ¿Por qué? Porque el producto se está digitalizando, la complejidad de la mecánica ha desaparecido, y se trata de un producto que en un futuro será en gran parte software.

C.R.: Cuando hablabas de cuatro principios, ¿a cuáles te refieres?

A.R.: Hay un modelo que resume en cuatro o seis «Ds» y que viene de Singularity. Yo prefiero el de cuatro Ds porque me parece más sencillo, que consiste en Digitalización, Disrupción, Desmonetización y Democratización[114].

C.R.: Ah sí, ya sé a qué te refieres. Primero se digitaliza el proceso, a partir de ahí empieza la fase de disrupción, que habilita a que otros jugadores pueden acceder a tu sector desde fuera (como el fabricante de aspiradoras), como hacer software es más barato y accesible que hacer hardware se produce una desmonetización, que reduce los costes de la industria de forma significativa, y, una vez digitalizado y desmonetizado, se democratiza el acceso, porque más personas pueden acceder al producto o servicio.

Me queda claro el *framework* de la 4-6 Ds. Veo también el valor de los atributos de las organizaciones exponenciales para dirigir el pensamiento hacia lo exponencial, y cómo el *ExO Sprint* te acerca a la manera de implementarlo en tu organiza-

---

114. El de seis sería: Digitalización, Engañoso (Deceptive), Disrupción, Desmonetización, Desmaterialización y Democratización.

ción. ¿Nos puedes resumir todo lo qué aprendiste en Singularity University sobre ExO y ahorrarnos unos cuantos miles de euros en el programa de *Exponential Technologies*? ☺.

A.R.: Pues me alegro que me hagas esa pregunta [risas]. No es tanto lo que aprendes, es más un lugar donde te das cuenta de que hay cosas pasando a mucha más velocidad de lo que imaginas. Es como una especie de despertar.

C.R.: Eso ya me parece importante. Más que conocimiento se parece al golpe de bastón de un maestro zen.

A.R.: Es como cuando alguien te coge, te zarandea y te dice «¡eh, despierta!». Yo tengo que reconocer que lo viví distinto, llevaba seis años en Silicon Valley y la mayoría de los contenidos ya eran conocidos para mí. Lo más importante fue entender cómo todo se relaciona entre sí e incorporar esa percepción de velocidad. Es un despertar, no encuentro otra manera de resumírtelo mejor.

C.R.: Ojalá este libro ayude a despertar a muchas personas.

A.R.: También aprendí que hay una forma distinta de afrontar esta velocidad. Estar asustados no tiene sentido, lo que hay que hacer es tomar partido. Tenemos el poder de utilizar esta velocidad para el bien común. Estas tecnologías tienen la capacidad de generar un impacto positivo en millones de personas, y está en nuestras manos lograrlo.

C.R.: Totalmente de acuerdo. Hay que tomar partido y hay que hacerlo para el bien común. Al principio de este capítulo hablaba de mis atributos favoritos de una ExO, ¿cuáles son los tuyos?

A.R.: Creo que uno de los atributos más relevantes de las ExO es el de la experimentación. Son compañías que fomentan que la gente experimente, que pruebe cosas nuevas, que aprenda. El experimento como forma de aprendizaje. Eso es lo que bloquea, desde mi punto de vista, a las compañías tradicionales. El miedo a equivocarse.

C.R.: Sí, el miedo vuelve a entrar en escena, ya ha salido unas cuantas veces (y volverá a salir). El miedo paraliza las organizaciones y las personas. Sobre el *ExO Sprint*, ¿algo que destacarías de él como herramienta?

A.R.: Destacaría que está muy orientado a la acción. Trabajas en iniciativas que nacen desde dentro de la organización y que tienen como objetivo, aparte de cambiar la forma de pensar, luchar contra lo que se conoce como el «sistema inmune». La resistencia interna que la mayoría de organizaciones tiene frente al cambio.

C.R.: ¿Cómo luchas contra el sistema inmune? (veremos más en el capítulo sobre gestión del cambio « *Winter is coming*»)

A.R.: Promoviendo que las iniciativas salgan desde dentro en lugar de imponerlas desde fuera. Haciendo que sea la propia organización la que aflore los problemas y los resuelva.

C.R.: Sí, el cambio tiene que nacer desde dentro. Y si queremos profundizar en este tema apasionante, ¿de qué personas nos recomiendas aprender?

A.R.: Te podría mencionar como clásico a Salim Ismail, pero creo que Francisco Palao, español y amigo, coautor de *Exponen-*

tial Transformation, es un buen ejemplo de evangelista exponencial.

C.R.: Gracias, Alfredo, te seguiré la pista, nos vemos cuando pases por Madrid.

Aprender de Bernardo Hernández

Para aprender más sobre pensamiento exponencial quise charlar con alguien que para mí es un ejemplo de «pensador exponencial», Bernardo Hernández, al que siempre le agradeceré que nos invitara a visitar la sede de Google en San Francisco hace más de una década, cuando era responsable mundial de Google Maps y Google Earth.

Bernardo, además de haber sido alto ejecutivo en Google y en Yahoo, como director general de Flickr, está detrás de empresas como Idealista, el portal líder del sector inmobiliario del que fue cofundador e inversor[115], Tuenti, la red social que llegó a contar con 13 millones de usuarios y de la que fue presidente[116], Wallapop[117], 11780.com, Fever, Glovo, Citibox o Verse. Hay que reconocer que pensamiento exponencial no le falta.

C.R.: Bernardo, me gustaría deconstruir tu estilo de pensamiento. Creaste Idealista en un momento en que era impensable, te conocí en la época más bonita de Google, estás detrás de Tuenti, Wallapop, Glovo,… ¿qué haces para estar detrás de todos estos proyectos exponenciales?

---

115. Desinvirtió con la entrada de Apax (aprox. 100 millones de euros).
116. Desinvirtió con la entrada de Telefónica (70 millones de euros).
117. Desinvirtió en 2016.

B.H.: Bueno, sobre todo querer meterte en mil líos, cuando llevas veinte años haciéndolo alguno te sale bien. Suelo invertir en lo que me motiva intelectualmente. En sectores donde veo que la tecnología puede ser disruptiva a la hora de generar un cambio. El potencial de ganar dinero es importante pero lo más importante es que me motive el sector y que me parezca capaz el emprendedor. La motivación fundamental que siempre he tenido es querer cambiar el entorno a través del uso de la tecnología, ese es el factor común.

C.R.: Es como el Propósito de Transformación Masiva en las ExO, tener como misión provocar un impacto significativo. Todos los proyectos tuyos que conozco buscan justo eso, transformar por completo un negocio a través de la tecnología.

B.H.: Eso es. Ahora estoy impulsando una startup de pagos a través de móvil que se llama Verse[118] y que me recuerda todo lo que comentas en tu capítulo.

C.R.: ¿Y qué te ayuda a elegir? Aparte de meterte en líos... ¿qué más variables forman parte de tu estilo de pensamiento?

B.H.: Me gusta encontrar problemas importantes, muy grandes, que están listos para el cambio. Me encantaría teletransportarme, pero la tecnología no está preparada para la teletransportación. De la misma forma que Idealista estaba listo para ser posible hace veinte años y Tuenti estaba listo para ser posible hace diez, pues ahora la disrupción en los sistemas financieros y bancarios está lista para poder hacerse.

---

118. https://verse.me/es/

C.R.: ¿Cómo sabes cuál es el momento adecuado? Porque esa es la gran incógnita. La complejidad de lo exponencial es que tienes que surfear la ola en el momento adecuado, ni demasiado pronto ni demasiado tarde.

B.H.: Victor Hugo decía que no hay nada más poderoso que una idea a la que le ha llegado su tiempo. Yo creo que ahí es donde estamos.

C.R.: El valor del «pensador exponencial» es identificar ese momento antes que los demás.

B.H.: Bueno, no es solo verlo, también sucede que son proyectos difíciles, y la gente suele ir a por lo que ya tiene éxito o está funcionando. Enfrentarte a lo nuevo cuesta un poco más.

C.R.: Idealista nace cuando la adopción a internet no es la que es ahora, Wallapop o Glovo nacen también en grises regulatorios. Entiendo que la dificultad está ahí, en que son modelos de negocio que no están todavía regulados.

B.H.: Pero sí son modelos donde la tecnología ayuda a que el cambio tenga un gran impacto.

C.R.: Y en todos ellos, como su crecimiento no está directamente vinculado a activos propios, ni físicos ni humanos, si el modelo de negocio funciona, crecen exponencialmente.

B.H.: Eso es.

C.R.: Esto que haces, ¿obedece a un método sistemático o es más intuitivo?

B.H.: Hay mucho de intuición, sí. Hay poco análisis a priori como el que describes. Un factor muy importante para conseguir todo esto es la resiliencia. Aguantar cuando las cosas se ponen difíciles.

C.R.: Ahí también la dificultad es acertar en el cuándo. Saber distinguir cuándo estás siendo terco y te estás obcecando con un proyecto que no va a volar nunca, y cuándo no ha llegado el momento pero está cerca. ¿Algún ejemplo personal de resiliencia?

B.H.: Por ejemplo Fever[119], una aplicación de ocio que ahora está funcionando muy bien pero que ha pasado unos años muy difíciles, donde hubiera sido muy fácil tirar la toalla. En Flores Frescas[120], por ejemplo, me empeñé mucho hasta que ya era evidente que no iba a salir. Son dos ejemplos, uno en que la resiliencia hizo que saliera bien y otro en el que tendría que haber tirado antes la toalla.

C.R.: La gente normalmente es consciente de los éxitos, pero seguro que detrás de tanto éxito hay un montón de frustración, resiliencia, paciencia, determinación, etc. ¿Qué ratio de éxito tienes?

B.H.: Aproximadamente un 50%, que no está nada mal.

C.R.: Firmaría acertar una de cada dos veces, ¿y qué competencias consideras que son claves para acertar?

B.H.: Creatividad, resiliencia, control de los miedos… están muy relacionadas, si tienes eso ya tienes mucho. Y mucho sentido común, aplicarlo a todo lo que haces.

---

119. https://feverup.com/
120. https://www.floresfrescas.com

C.R.: Gracias por tu tiempo exponencial, Bernardo, seguiré con interés todos tus proyectos.

¿Por dónde empiezo a entrenar mi pensamiento exponencial?

Yo empezaría por despertar, por asumir que contamos al menos con una variable en nuestras vidas, la tecnológica, que se comporta de forma exponencial. Empieza por convertir esa sensación de velocidad en algo familiar.

Y yendo a cosas más concretas, a mí me resulta muy útil usar los atributos de una ExO como herramienta para cuestionar una organización o un modelo de negocio. No sé si sabes que soy superfan de Lego[121] y que me gusta construir organizaciones y modelos de negocio con Lego para después aplicar un montón de técnicas creativas e iterar sobre sus variaciones. Una forma muy sencilla y visual para comenzar a entrenar tu pensamiento exponencial es construir tu modelo de negocio en Lego (usando por ejemplo los 9 elementos conceptuales del Business Model Canvas[122]) y, sobre la construcción, tratar de identificar dónde tiene sentido aplicar cada uno de los atributos ExO. No tienes por qué volverte loco e incorporar los diez, pero sí al menos cuestionarte los diez y ver cuáles son más fácilmente aplicables. Trata de pensar cómo de exponencial te hace cada uno de ellos, cuánto te permitirían escalar tu organización.

---

121. https://carlosrebate.com/creatividad-lego/
122. Te lo explico también en el enlace anterior ☺.

Atributo ExO	¿Cómo lo implementa o lo podría implementar mi modelo de negocio / organización?
S: Empleados a demanda (Staff on Demand)	
C: Comunidad y entorno (Community & Crowd)	
A: Algoritmos (Algorithms)	
L: Activos Externos (Leverage Assets)	
E: Compromiso (Engagement)	
I: Interfaces (Inferfaces)	
D: Cuadros de mando (Dashboards)	
E: Experimentación (Experimentation)	
A: Autonomía (Authonomy)	
S: Tecnologías Sociales (Social Technologies)	

Por otro lado, el framework de las 4 o 6 Ds de Singularity nos ayuda a entender de forma muy sencilla las diferentes etapas del proceso de transformación digital. Si tu sector se está (1º) digitalizando, ¡ya sabes lo que te espera!: 2º disrupción (nuevos entrantes), 3º desmonetización (cambio en el modelo de precios) y 4º democratización. Lo anterior no tiene por qué implicar una pérdida de ingresos, puede darse todo lo contrario, aunque se desmonetice y bajen los precios unitarios, la democratización habilita que el negocio escale; sobre todo si, como comentaba Alfredo, sabes capturar esa abundancia. Aquí te recomendaría que estés muy atento a los «negocios a los que le ha llegado su tiempo» y a las fronteras de tu sector, porque los límites entre negocios son cada día más difusos y todo está profundamente interconectado. Le dedicaremos un capítulo completo al «pensamiento interdependiente» en «la religión del futuro».

Y, por último, si estudias la trayectoria de Bernardo, verás cómo, de forma sistemática, ha sabido entender muy bien cuándo un negocio se iba a digitalizar. Y si analizas sus diferentes proyectos empresariales (Idealista, Wallapop, Fever, Glovo, Verse, Tuenti, etc.) podrás identificar en cada uno de ellos diferentes atributos de las ExO. Por ponerte algún ejemplo, Wallapop hace uso de «Activos Externos» (las propiedades que sus usuarios quieren vender), «Comunidad y entorno» (conecta compradores con vendedores) e «Interfaces» (por ejemplo con Correos o medios de pago), Glovo cuenta con «Empleados a demanda» para la distribución de la comida, «Activos externos» (restaurantes) e «Interfaces», Fever es un ejemplo de «Interfaces» y «Comunidad y entorno», Verse también, etc.

Pero no solo es cuestión de pensamiento, también es cuestión de acción. El pensamiento sin acción es espurio, por muy exponencial que sea. Y si logras pensar exponencialmente y actuar en consecuencia, ¡vete preparando para meterte en líos!, como nos recordaba Bernardo, porque habrás llegado antes que los demás y estará casi todo por hacer, y eso siempre es un lío. **¡Prepárate para la conquista del Oeste digital!**

Carta de personaje:
«Pensamiento exponencial»

SUPERPODERES
Ofensivos:
• Pensamiento centella. Activa un modo de pensamiento exponencial que te permite adelantarte a los acontecimientos futuros e identificar el impacto de variables que se compartan e interactúan de forma exponencial.

11

Se acerca el invierno
(Winter is coming)

No sé si la inteligencia artificial atravesará un nuevo invierno, pero hará frio. Es posible que disfrute una primavera exponencial, en la que florezca un paradigma tras otro, desde la ley de Moore a la computación cuántica, y, desde ahí, hacia nuevos paradigmas que ahora no alcanzamos a imaginar.

¿Y por qué te digo entonces que hará frio?

Pues porque a cada momento de explosión le suele seguir un momento de decepción por las sobreexpectativas generadas. No sería el primer invierno de la inteligencia artificial. Surgió a principios de la década de los 50 del siglo pasado y ya atravesó dos áridos inviernos. El primero entre 1974-1980; y el segundo entre 1987-1993, aunque no hubo una recuperación real hasta principios de este siglo.

Ahora nos encontramos en un pico de inflación, inmersos en una burbuja, pero la promesa de la inteligencia artificial es real, lo cambiará todo, y nos hará enfrentarnos al mayor reto como especie de la historia de la humanidad. Eso sí, la gran diferencia es que **los cambios no se producirán a la velocidad que nos dicen los gurús** por una sencilla razón, por muy exponenciales que sean las tecnologías, su expansión y adopción está en manos del ser humano.

Te lo cuento con otro ejemplo de *running* (ya agoté los ejemplos de gatos con Schrödinger y los gatitos de Held y Hein ☺).

Mi entrenador me explicó una vez que el «efecto muro», que suele darse a partir del km. 30-35, se debe al cambio metabólico que se produce al pasar de consumir azúcares a consumir grasas. No sé si es verdad, pero a mí me resultó convincente. Por eso nos atiborramos de carbohidratos la semana antes de cada maratón. Durante la carrera, cuando las reservas de azúcar se agotan, el cuerpo empieza a quemar grasas, y ese cambio en nuestro metabolismo hace que nuestras piernas, y nuestro cuerpo en general, funcione a cámara lenta, como si algo fuera mal. Las grasas están bien, pero son más lentas que los azúcares.

Siguiendo con ese mismo símil, **las máquinas serían el azúcar y el ser humano las grasas.** Por mucho que la energía que provoca el azúcar (máquinas) pueda mantener un ritmo exponencial, al final, las grasas (humanos), limitarán la velocidad máxima de adopción.

Si llevamos este símil a funciones matemáticas es justo lo que nos dice la ley de Martec, la tecnología cambia exponencialmente y las organizaciones, dado que están gobernadas por personas, lo hacen logarítmicamente. En la siguiente gráfica puedes apreciar la diferencia entre una curva y otra.

Por eso, por mucho que en un punto de la curva exponencial se pueda dar una determinada circunstancia, como la posibilidad de leer la mente o de decodificar el cerebro humano por completo, su adopción tendrá que acomodarse a la curva logarítmica, y eso lo ralentizará de forma significativa, generando un desgaste en los portadores de «profecías no cumplidas», y provocando desilusión en la industria, los inversores y la sociedad. Las críticas a Hanson Robotics, los creadores de Sophia, vienen en este sentido. Yo soy de los tipos más optimistas del planeta, pero me temo que aunque dentro de cinco años, en un laboratorio remoto haya equipos centauro haciendo cosas increíbles, en tu vida diaria lo notarás relativamente poco.

Cambiar procesos, instituciones y personas es mucho más complicado que entrenar algoritmos. Los algoritmos funcionan muy bien, pero tienen que hacerlo en un mundo de personas. Algunas industrias, como comentaba Javier Sirvent, Bernardo Hernández o Alfredo Riela, se encontrarán en un momento cuántico pre *Big Bang* y se producirá una disrupción tras la digitalización, que movilizará fuerzas en sentido contrario, resistencia por parte de distintos grupos de interés, movilizaciones, debate en los medios, y cuando el sistema deje de ser sostenible... se transformará.

Esta diferencia de adopción no tiene por qué suceder de forma homogénea a escala planetaria, igual que no se ha regulado de forma similar la edición genética, el tratamiento de los datos personales, o el vehículo autónomo. No hay que ser muy listo para darse cuenta de la diferencia de velocidad entre países en la «carrera por la IA[123]». Solo hay que ver las noticias, o, en algún caso, la ausencia de noticias. Hay países que se lo han tomado como urgencia nacional o reestructuración de modelo económico, como el plan nacional chino para dominar la industria de la inteligencia artificial en 2030, y otros están (estamos) en posiciones renqueantes o directamente desaparecidos.

Independientemente del país, y volviendo a la ley de Martec, el ser humano siempre ha presentado una resistencia significativa al cambio. Si observamos a nuestra especie bajo una perspectiva macro, sí que somos una especie muy innovadora. Desde la invención de la rueda hasta hoy hemos tenido una relación muy estrecha con la tecnología. Pero si nos observa-

---

123. Un artículo interesante es el que trata sobre «las seis claves que necesita un país para convertirse en un líder de la IA», del *MIT Techonology Review*: https://www.technologyreview.es/s/10132/las-seis-claves-que-necesita-un-pais-para-convertirse-en-lider-de-la-ia

mos en ventanas temporales más pequeñas, generación a generación, desde la antigüedad, el ser humano ha tenido la fea costumbre de asesinar a las personas que se adelantaban a su tiempo. Seguro que se te vienen algunos nombres a la cabeza. Yo, por ejemplo, soy fan de Giordano Bruno, que fue quemado vivo en la Plaza de las flores de Roma en el 1600 por afirmar que el universo era infinito. En palabras de Hegel, en sus *Lecciones sobre la filosofía de la historia universal*, estas personas eran asesinadas por traicionar al espíritu de su pueblo. Sentimos el feo deseo de matar a aquellas personas que afirman con convicción algo que no estamos preparados para escuchar. No nos gusta que nada ni nadie haga tambalearse los cimientos de nuestra civilización. Y la inteligencia artificial tiene papeletas para hacerlo, por lo que se desencadenarán reacciones en sentido contrario para frenar su avance.

En el capítulo dedicado al gato de Schrödinger hacíamos referencia al «sesgo del impacto». Aquí se da un sesgo parecido, lo llamaremos para entendernos «sesgo del futuro ingenuo». Pensamos que las cosas van a ocurrir más rápido porque se nos olvida que hay seres humanos al mando, y no consideramos el principio básico y universal de **acción-reacción**, la tendencia al equilibrio de fuerzas en contraposición. Cualquiera que haya participado en un proceso de gestión del cambio sabe que, aunque el cambio parezca trivial, nunca lo es si implica que seres humanos cambien algo, ya sea valores, actitudes o competencias.

El tiempo humano es lento. En aquella conferencia de Stefano Mancuso que te comentaba antes, sobre las plantas y la inteligencia en el mundo vegetal, Stefano proyectó vídeos a gran velocidad en los que se veía cómo las plantas competían por aferrarse a un palo, se evitaban o se acercaban entre sí. A cámara normal, parecía que no ocurría nada, porque el tiempo de las plantas es mucho más lento que el humano. Pero si nos comparamos con las máquinas del futuro próximo... ¡somos una manada de caracoles!, como lo son las plantas para nosotros. Para que las máquinas del futuro nos entiendan, nos tendrán que poner a cámara rápida. Entonces cobraremos sentido.

Esto tiene su razón de ser. A nivel racional y por simplificar somos como una gran red neuronal que se va modificando en base a estímulos. Nuestro entrenamiento es nuestra vida, no un conjunto de datos de entrenamiento al que nos podamos exponer a voluntad, y tenemos que vivir muchas situaciones para modificar nuestra manera de pensar y nuestra conducta para reentrenarnos. No es tan fácil como entrenar una red neuronal artificial.

Así que, cuando te digo que se acerca un nuevo invierno, que lo pienso, no es por las máquinas, ¡sino por los humanos! Porque el «tiempo humano» es lento. Solo que, hasta ahora, solo nos habíamos comparado con especies más lentas que nosotros, como las plantas.

Aprender de José Manuel Gil

Para hablar de cambio, he elegido a un gran experto en gestión del cambio, a José Manuel Gil Vegas, doctor en Psicología Industrial, presidente de Sinergos, profesor de Deusto Business School desde 1985, autor de *Solo a los bebés les gusta que les cambien* y *El secreto del cambio*, conferenciante y coach de alta dirección.

C.R.: José Manuel, recurriendo al título de uno de tus libros, ¿por qué solo a los bebés les gusta que les cambien?, ¿piensas que el ser humano tiene una resistencia intrínseca al cambio?

J.M.: Yo no estoy de acuerdo con que al ser humano no le guste cambiar. Creo que en la sociedad actual tenemos el mayor nivel de cambio que se ha dado nunca. Nunca la gente ha viajado tanto como ahora. Nunca la gente ha cambiado tanto de pareja como ahora. Nunca la gente ha cambiado tanto de trabajo, o de ciudad. Al ser humano le gusta el cambio. Lo que no le gusta es que le cambien otros, porque experimentamos una sensación de pérdida de control.

Las personas buscamos estabilidad, pero, paradójicamente, no la estabilidad en el sentido de que no haya cambios, sino la estabilidad entre nuestras expectativas y nuestra realidad. Es a lo que llamamos una persona estable, a una persona que ha encontrado cierto equilibrio entre lo que hace y lo que quería hacer, entre lo que tiene y lo que quería tener, entre lo que es y lo que quería ser. Se trata de un equilibrio inestable porque vivimos en un mundo que está en cambio continuo.

Esa estabilidad sí que la buscamos, y rechazamos todos los cambios que nos hagan sentir que esa estabilidad está en peligro, por eso los cambios que no están bajo nuestro control nos resultan peligrosos. Lo hemos visto durante la crisis con mucha claridad, personas que tenían una vida estable y que, de repente, por factores macroeconómicos, se les derrumba su mundo como un castillo de naipes. Lo hemos visto muchas veces y la gente tiene miedo.

C.R.: Disfrutamos del cambio que elegimos y que nos acerca a nuestras expectativas.

J.M.: Exacto. El cambio es divertido, el cambio es vida, pero tiene un gran inconveniente, es un enorme consumidor de recursos (tiempo, energía, dinero). Entonces, siempre seguimos una especie de escalera, escalones en los que estamos tranquilos, porque necesitamos recuperarnos en todos los sentidos, y cuando estamos aburridos, que es el inconveniente que tiene la estabilidad, buscamos un cambio y subimos otro escalón. Pero queremos que sea un cambio manejado por nosotros.

C.R.: Que no venga impuesto desde fuera.

J.M.: Sí, que no venga de fuera. Por eso siempre digo que para la gestión del cambio la clave está en la participación. Si hacemos que las personas puedan participar de alguna forma en el cambio, sentirán que pueden dirigirlo un poco y, de esa forma, evitar ser atropellados por él.

C.R.: Estos cambios suelen ser percibidos como una amenaza.

J.M.: Claro, eso es lo que explica el fenómeno del populismo y el nacionalismo a todos los niveles. Las personas más desfavorecidas y afectadas por los cambios han percibido que la economía les estaba atropellando y los gobiernos les decían que no podían hacer nada para ayudarles, porque se trataba de cuestiones macroeconómicas. Eso explica el Brexit inglés, la «América grande» de Trump y la emergencia del populismo en toda Europa.

C.R.: Es el principio de acción-reacción.

J.M.: Exacto. El gobierno dice, «lo sentimos, esto no está en nuestra mano», y lo único que las personas pueden hacer es apoyar movimientos que les prometan volver al momento anterior, a recuperar la sensación de control.

C.R.: Sabes que pienso que el ser humano ralentizará la adopción de la IA, por movimientos de acción-reacción, regulatorios, de aversión del tipo al «valle inquietante», o simplemente porque nuestro límite de adopción del cambio es logarítmico y no exponencial. Tú que has vivido muchísimos proyectos de cambio, ¿por qué son tan difíciles?

J.M.: Hay estadísticas que dicen que el 75% de los proyectos de cambio fracasan. En el ámbito empresarial, la gestión del cambio no es nada más (y nada menos) que la gestión del cambio de conducta de las personas que trabajan en una compañía, y, sin embargo, seguimos considerando que la conducta de las personas es una especie de caja negra que siempre funciona y que no hace falta tener en cuenta. Podemos cambiar organigramas, tecnologías, procesos, etc., pero, como la gente siga haciendo lo mismo que hacía antes, no se producirá ningún cambio. ¿Y cómo conseguimos que cambie la conducta de la gente? Aquí viene el problema.

C.R.: Y lo poco que sabemos de la conducta humana lo obviamos en procesos de cambio, como si los cambios de conducta tuvieran que desencadenarse solos, como por arte de magia.

J.M.: Estamos viviendo una época en la que todo lo que se llamaba gestión de recursos humanos se ha venido abajo. Nombramos directivos a personas que no tienen el más mínimo conocimiento de cómo dirigir el instrumento más complejo, un corazón y un cerebro humano interactuando juntos. Si pensamos que dirigir personas es fácil, ¿qué hacemos cuando tenemos que cambiar sus conductas? ¡Fracasamos un 75% de las veces!

C.R.: ¿Y cómo se cambia la conducta de alguien? ¿Alguna receta?

J.M.: Es muy complicado cambiar la conducta de las personas, necesitamos considerar al menos siete factores que son imprescindibles para el cambio.

C.R.: ¿Cuáles son?

J.M.: En primer lugar, la **necesidad urgente**, de la que habló por primera vez John Kotter, de Harvard. Tiene que existir una necesidad urgente que nos empuje al cambio.

En segundo lugar, la **situación facilitadora**, generar una situación que haga el cambio más sencillo.

En tercer lugar, la **traducción a conductas específicas**, un elemento básico. Para que el cambio tenga éxito en una organización tiene que ser traducido a conductas muy concretas. Seguimos gestionando las empresas por conceptos. O lo traducimos a conductas concretas, a acciones específicas que dependan de la gente, o no conseguiremos provocar nada.

En cuarto lugar, la **presión del grupo**, un factor fundamental.

En quinto lugar, necesitamos contar con **sistemas de feedback**, para saber si se está o no produciendo el cambio.

En sexto lugar, **gestión de consecuencias**, que es lo que hace que el cambio merezca la pena o no.

Y en séptimo lugar, algo muy importante, la existencia de una **meta motivadora**. La gente solo cambia cuando le hace ilusión el cambio. Normalmente nos empeñamos en hacer el cambio con metas que son motivadoras para los que impulsan el cambio, no para los que tienen que cambiar.

C.R.: Hablas de una compañía, ¡imagínate una sociedad!, porque lo que está pasando no es solo en un cambio laboral, se trata de un cambio social profundo. ¿Por qué nos cuesta a veces tanto cambiar?

J.M.: Nos cuesta cambiar porque nos da miedo el cambio. Nos aterroriza que amenace nuestra estabilidad. Esa estabilidad de la que hablábamos antes, entre lo que somos y lo que queremos ser. Siempre estamos ajustando nuestras expectativas o peleando para que nuestra realidad sea mejor.

C.R.: ¿Y por qué infravaloramos el coste del cambio?

J.M.: Porque sobre todo hay que superar la clave principal, que es el miedo.

C.R.: El miedo.

J.M.: Claro, porque la clave de la resistencia al cambio siempre es el miedo.

C.R.: Ahora que dices esto del miedo, a lo largo del libro hablamos de dos emociones básicas, el amor y el miedo. En este caso, miedo a un cambio económico, a un cambio en la industria, al desempleo, a una guerra, a lo desconocido, etc.

J.M.: Sobre el amor y el miedo, creo que hay un tercer factor muy importante, la ilusión, que es la que realmente impulsa el cambio. ¿Por qué estás escribiendo este libro, Carlos? Porque te hace ilusión. La gente se resiste al cambio por miedo e impulsa el cambio por ilusión. Por eso el factor de la meta motivadora que te decía antes es tan importante. O conseguimos que los cambios le hagan ilusión a la gente, o no van a cambiar su conducta. Yo incluiría la ilusión en esa ecuación.

C.R.: Sí, la ilusión es lo que nos mueve de un estado a otro.

J.M.: De hecho es lo contrario al miedo, el miedo te paraliza, la ilusión te moviliza, el miedo te mete hacia dentro, la ilusión te saca hacia afuera. La ilusión ejerce una fuerza en sentido contrario.

C.R.: La incorporo a nuestro antídoto.

J.M.: Te tiene que hacer ilusión levantarte de la cama y pelearte para superar un cambio.

C.R.: La formulación del *ikigai* es justamente esta, encontrar esa razón que te hace levantarte de la cama cada día.

J.M.: El drama en el mercado laboral es que la mayoría de las personas están trabajando sin ilusión. Yo voy a las empresas y lo único que veo son profesionales sin ilusión. Por eso considero que existen dos superpoderes diferenciales. Uno es este del que hablábamos, la capacidad intrínseca para autoilusionarse. Yo lo he visto en carne propia, en los momentos más duros de mi vida, he buscado un proyecto para ilusionarme. El segundo es el superpoder de hacer cada día un poquito. La constancia. ¿Cómo se come una hormiga a un elefante?, cada día un cachito. Una persona que aúne ambas cualidades, que autogenere ilusión y trabaje con constancia, será capaz de transformar lo que sea.

C.R.: Totalmente de acuerdo. Incluiré al final del libro algunas claves de mi metodología personal, que contiene mi manera de entender ambas, ilusión y constancia, cinco sueños al año (ilusión) y el compromiso de dedicarles pomodoros[124] de forma sistemática (constancia). Mis libros los escribo así, intento dedicarles treinta minutos al día.

J.M.: Y eso tiene que ver con el elemento que comentábamos antes, la traducción a conductas específicas.

C.R.: Exacto.

J.M.: Escribir un libro es una meta que mucha gente no sabría cómo abordar, y que tú has sido capaz de traducirlo a algo muy concreto, en tu caso, dedicarle un pomodoro al día. Eso es diferencial, porque las personas no solemos ser muy constantes.

C.R.: Se trata de entrenar la voluntad, que no es nada fácil. Antes hablábamos de infravalorar la gestión del cambio. ¿Cuál es el coste del cambio?

J.M.: El problema de la gestión del cambio es que siempre infravaloramos los costes. Siempre pensamos que es más barato de lo que realmente es. Y es enormemente caro. El cambio es muy caro, y la mitad de las veces iniciamos el proceso de cambio sin tener los recursos para lo que eso significa. Por eso el cambio fracasa o se ralentiza.

---

124. Fracciones de 30 minutos.

C.R.: Cambiar es caro, pero más caro es no hacerlo cuando la necesidad apremia.

J.M.: Hay un proceso de cambio vital para cualquier empresa que es la capacidad de adaptación, porque todas las organizaciones mueren. Entre tú y yo. Tardan cinco meses, cinco años, o cinco siglos, pero todas mueren. Y mueren de la misma enfermedad, por inadaptación a su entorno. Cuando una empresa nace es porque sintoniza con su entorno, de la misma forma en que una célula sobrevive porque tiene un PH alrededor que le permite vivir. Si vendes zapatos es porque en tu entorno existe una necesidad de comprar zapatos. Pero el entorno está cambiando muy rápido, con lo que tienes dos alternativas, o te adaptas al entorno a la velocidad y en la dirección adecuada, o falleces.

¿Esto qué significa?, que hay un proceso de detección de los cambios del entorno e implantación de los cambios internos necesarios, que es absolutamente vital para la supervivencia de una organización. Deberíamos dedicar recursos a captar qué cambios se producen, traducirlos a cambios internos, e implantarlos. Esto es tan básico como que si no lo haces te mueres, y la realidad es que casi nadie le dedica esfuerzo, solo los CEOs en los ratos libres.

Esa es la causa por la que mueren todas y, por cierto, es la causa por la que sobreviven las que sobreviven. Tenemos en el mercado ahora mismo muchas empresas que están vivas pero que en realidad son zombis, lo que pasa es que tienen fuerza todavía, no solo financiera, sino también de raíces en el mercado, que te hacen sobrevivir un tiempo.

El proceso de adaptación al mercado es un proceso básico que la mayor parte de las empresas tienen desatendido completamente. Lo tratan ligeramente en sus procesos de planificación estratégica, una vez cada dos años y todo eso acaba en una presentación fantástica, pero la gente sigue haciendo lo mismo que hacía antes, y, por tanto, nada cambia.

C.R.: En tu experiencia de cambios en empresas, ¿qué desviación temporal suele ocasionar el cambio?

J.M.: Es muy complicado hablar del tiempo, porque depende del proyecto, la empresa, el sector, etc. Por ejemplo, un cambio cultural, en una empresa mediana o grande, no se puede pretender hacer antes de cinco años. Se ve muy bien en las empresas que se fusionan. Se calcula que durante cinco años, los empleados siguen identificándose a sí mismos como empleados de las empresas originarias.

C.R.: Sí, me ha pasado a mí mismo también y lo he visto en procesos de integración.

J.M.: No ha cambiado la cabeza de la gente. El cerebro funciona a este ritmo. Y eso depende también de los recursos que inviertas en formación, sesiones de trabajo en equipo, etc. El tiempo es muy relativo. Y no es solo un tema de identificación, imagina lo que significa cuando afecta a tus tareas y a tu conducta, y te dicen que mañana tienes que dejar tu puesto de trabajo y salir a vender a la calle. Entonces cuesta mucho más, y, como no se trabajen bien los factores que vimos antes, no se producirá el cambio.

C.R.: El problema es que el ritmo del cambio se acelera y nos obliga a tomar decisiones y cambiar en menos tiempo.

J.M.: Por eso es tan importante la educación y la capacidad de formularse buenas preguntas. La pregunta es un arma dialéctica potentísima.

C.R.: Una pregunta bien formulada resuelve la mitad de un problema.

J.M.: Y tiene la capacidad telepática de hacer que el otro piense en lo que tú quieras. Si yo te digo, «piensa en tus padres», consigo que lleves el pensamiento a tus padres.

C.R.: Diriges el pensamiento del otro.

J.M.: Es fantástico. Sin embargo tenemos una cultura de la afirmación. No nos hacemos demasiadas preguntas, ni tampoco se las hacemos a los demás.

C.R.: Pues este libro nos sirve de contraejemplo, de todo lo que se puede aprender preguntando. Es una experiencia fantástica, gracias, José Manuel.

Tranquilo, el progreso está en manos del ser humano

Podría ponerte muchos ejemplos personales del «sesgo del futuro ingenuo». Cuando publiqué *Influencers* en 2017 pensé que el libro llegaba tarde, el marketing de influencia estaba creciendo de forma tan vertiginosa (+200%) que el libro corría el riesgo de nacer obsoleto. Nada más lejos de la realidad. Lo que contábamos en el libro tiene más sentido ahora que nunca. La prueba es que se vendieron más ejemplares en su segundo año de vida que en el primero.

Con este libro sentí algo parecido. Una especie de urgencia, ¡llegaba tarde! Pero, tras un año trabajando en él, ¿cuál crees que es la situación ahora mismo? ¡Prácticamente la misma que hace un año!

El cambio es lento y la gestión del cambio es crucial, y, sin embargo, es infravalorada y despreciada en casi todos los análisis (de ahí el 75% de fracasos). En el próximo capítulo hablaremos de «pensamiento interdependiente», pero, como anticipo, ya te digo que pensar en la adopción de la tecnología olvidándonos del factor humano es una ingenuidad. **Para bien o para mal, las «grasas» siguen al mando de la nave.** Así que tranquilo, por muy transgresores y distópicos que sean los futuros a los que nos enfrentemos y de los que hemos hablado en este libro, **¡que estén en manos humanas es una garantía de retraso!** Por si acaso, ¡no te confíes y vete preparando! Las competencias de gestión del cambio y los profesionales que las ejerciten («changemakers») serán cada día más apreciados en el mercado laboral. ¡Conviértete en uno de ellos!

Carta de personaje: «Invierno»

SUPERPODERES

Defensivos:

- **Caparazón de hielo.** 100% *extra time*. Que la adopción de la IA, y todos los cambios laborales, sociales y de conducta, estén en manos humanas es una garantía infalible de retraso. De todos modos, ¡no te confíes!

12

Conviértete a la religión del futuro

Dedicado a Maite Román

«*Cuanto más lejos y con mayor profundidad penetramos en la materia, gracias a métodos crecientemente poderosos, mayor es nuestra confusión ante la interdependencia de sus componentes. Cada elemento del cosmos está positivamente entrelazado con todos los demás... Es imposible fragmentar dicha red, aislar parte de la misma, sin que todos sus bordes se rasguen y deshilachen*».

TEILHARD DE CHARDIN

He leído a algunos autores, desde Harari[125] a Cordeiro[126], afirmar que las religiones surgen con el único propósito de explicar la muerte; que cuando ésta sea vencida, dejarán de tener sentido.

No estoy (para nada) de acuerdo.

---

125. Y. N. Harari, *Homo Deus: Breve historia del mañana*, Debate, Barcelona, 2016.

126. D. Wood, J.L. Cordeiro, *La muerte de la muerte*, Deusto, Barcelona, 2018.

Existen muchas iniciativas para alargar la vida humana. Google, por ejemplo, le dedicó una letra de su alfabeto, la «C», a la muerte, o mejor dicho a la búsqueda de la vida eterna: Calico[127]. Pero pienso que aunque consigamos extender la vida hasta límites insospechables, esto no supondrá la extinción del sentimiento religioso, sino más bien todo lo contrario.

La realidad es que cuanto más profundicemos en la interdependencia de todas las cosas, como decía Teilhard de Chardin, más avanzaremos hacia una nueva forma de comprensión que nos acercará a una nueva forma de espiritualidad. La paradoja es que, las máquinas, en lugar de alejarnos de «dios», nos acercarán más a él. Y pongo «dios» entre comillas, porque no me refiero a un dios revelado, sino a una forma diferente de espiritualidad.

Ya sé que suena contraintuitivo, pero, como he dicho algunas veces, la culminación de la inteligencia artificial será la creación de un estado de la mente de profunda comprensión intercausal, donde cada cosa es causa y efecto de todo lo demás, una especie de «*Buddha* artificial». Porque la *buddheidad* es precisamente eso, un estado de la mente.

Para entender esta comprensión intercausal o este «pensamiento interdependiente», lo que he llamado en este capítulo la «religión del futuro», hay que viajar en el tiempo hasta la China de finales del siglo VI, a los orígenes del *Hua-yen,* una de las principales escuelas del Budismo *Mahāyāna* chino que tiene su origen en un Sutra indio, el *Avatamsaka*, al que muchos autores consideran el punto culminante del pensamiento budista.

El *Avatamsaka* está repleto de coloridas y poéticas metáforas orientadas a conducir al lector hacia una nueva forma de comprensión interdependiente. La más conocida es la de la red de

---

127. https://www.calicolabs.com/

Indra, un cielo formado por una red de perlas que se extienden infinitamente en todas direcciones, en el que cada una de dichas perlas refleja y es reflejo de todas las demás. Si seleccionáramos una perla al azar, descubriríamos en su superficie el reflejo infinito de todas las infinitas perlas (todas las perlas están en ella), y esa perla a su vez, emitiría un reflejo que podría apreciarse en todas y cada una de las infinitas perlas que conforman el cielo infinito del dios Indra.

Lo más interesante de esta metáfora, que simboliza un cosmos donde hay una interrelación infinita entre todas las partes del mismo, es cómo, algo tan inofensivo en apariencia, supuso un cambio de paradigma entre dos formas de entender el budismo. Mientras el budismo indio puso el énfasis en que las cosas carecen de realidad última, y, por tanto, están vacías de existencia inherente y son indignas de apego (cada perla está «vacía»), el budismo chino escogió poner el énfasis en que todas las cosas tienen valor en virtud de su interdependencia (ya que cada perla ejerce un reflejo infinito en todas las demás).

Llevándolo al extremo, y ahorrándote mil seiscientas páginas de lectura del Sutra *Avatamsaka*, mientras unos se centraron en el «vacío», otros se centraron en el «todo».

¿Y qué provocó este cambio de paradigma? Pues que en el viaje del Sutra a través de la ruta de la seda, el pensamiento indio se fue mezclando con ingredientes chinos, como el patriarcado en el Confucianismo, o la búsqueda de la coexistencia armoniosa de todos los fenómenos del Taoísmo, lo que provocó un precioso caso de explosión creativa, de polinización cruzada o sincretismo indo-chino (como los del efecto Medici). El budismo, al ser visto a través de patrones de pensamiento chinos, renació con una vitalidad desconocida.

Volviendo al presente, podemos encontrar paralelismos entre la realidad que describe el *Hua-yen* y el paradigma conexionista en inteligencia artificial[128]. Este paradigma tiene su origen en la idea de que «muchas tareas cognitivas se realizan mejor mediante sistemas integrados por muchos componentes simples, que, cuando se conectan dinámicamente entre sí de manera densa y mediante las reglas apropiadas, generan la conducta global deseada»[129].

Por reducirlo al máximo, un sistema conexionista se resume en una inmensa red de componentes simples (como «perlas») y de conexiones (como «reflejos»), que colaboran entre sí para que un estado global emerja. Como un conjunto de perlas brillando como estrellas.

128. Además de en otras aproximaciones conexionistas o no sustancialistas, como la metafísica de procesos o la física cuántica.

129. F. J. Varela, E. Thompson y E. Rosch, *De cuerpo presente. Las ciencias cognitivas y la experiencia humana*, Gedisa, Barcelona, 1997.

Pienso que en un futuro cercano, las máquinas nos permitirán penetrar en relaciones intercausales cada vez más complejas, a las que ahora no llegamos con nuestra capacidad de abstracción. Esto nos llevará a entender cómo cada elemento del cosmos está íntimamente entrelazado con todos los demás, lo que nos conducirá a una nueva forma de ética y de espiritualidad.

Esa es la gran paradoja y nuestro último ingrediente del antídoto. Sin pretenderlo, estamos creando nuevas formas de inteligencia, que, lejos de alejarnos de «dios», nos acercarán a él.

La espiritualidad no es anacrónica. La espiritualidad es muy moderna.

Aprender de María Teresa Román

Con este capítulo me sucedió algo que me dejó sumido en una profunda tristeza.

Había pensado entrevistar a María Teresa Román, especialista en sabidurías orientales, doctora en Filosofía y autora de numerosos libros, algunos de los cuales guardo en casa, en el único estante de mi propiedad tras el movimiento expansivo de mis hijos, el lugar donde protejo mis libros favoritos (el *Avatamsaka* entre ellos).

Mayte fue mi directora de tesis en Filosofía.

El caso es que había perdido su pista hacía algunos años y me apetecía mucho charlar con ella sobre el tema de este capítulo, así que traté de localizarla con la esperanza de que no me guardara rencor por haber dejado la tesis a medias. La mala noticia fue descubrir que había fallecido en 2017 a causa de un cáncer fulminante. La UNED se pierde a una extraordinaria profesora y su familia y amigos a una bellísima persona, así que he pensado compartir contigo algunas de las cosas que aprendí con ella.

La primera es que el ser humano necesita todavía resolver «algunos problemillas» a los que lleva dando vueltas miles de años, como el sentido de la vida, en general, o de su existencia en particular. Necesita superar la angustia derivada de la falta de fundamento. Hemos avanzado muy poco en mitigar la angustia existencial, y una persona hace mil años podía llegar a conclusiones similares a las de hoy en día sobre el sentido de la vida.

Gracias a Mayte, descubrí autores que tratan la consciencia desde distintos puntos de vista, desde Ken Wilber, Francisco Varela o Alfred Whitehead, pasando por los físicos cuánticos, o, más cercana a la inteligencia artificial, al propio Marvin Minsky, al que curiosamente llegué desde el orientalismo. Y la primera conclusión a la que podemos llegar es que nos queda mucho que aprender de la consciencia. Podemos pretender decodificar el cerebro humano en 2029, pero eso no eliminará nuestra angustia.

Para vencerla, necesitamos contar con un fundamento, un suelo firme sobre el que caminar, o aprender a caminar sin él. La religión ha cumplido esa función durante siglos, ha proporcionado esperanza y consuelo, además de un esquema de valores que ha vertebrado nuestras sociedades a lo largo de los siglos. La religión no solo tiene que ver con la muerte, también con el sentido; no solo con la extinción, también con la eternidad. Si la extirpamos, necesitaremos o bien colocar algo en su lugar que ejerza una función equivalente, o bien encontrar una manera de vivir abrazando esa falta de fundamento.

Y aquí va la segunda de nuestras conclusiones: podemos apoyarnos en visiones interdependientes de la realidad, como la del *Hua-yen*, para combatir el nihilismo y el individualismo que caracteriza a nuestras sociedades modernas. Me gusta pensar que somos como las perlas de la metáfora del cielo de Indra y que nuestra existencia es impensable de manera independiente a la de todo lo demás.

Aunque el *Hua-yen* desapareció, emigrando hacia Corea y Japón con la persecución imperial del budismo, e integrándose como sustrato filosófico en otras corrientes, su manera de entender la naturaleza de la realidad no solo está vigente, sino que tiene más futuro que nunca.

Aprender de Gerardo Tuduri

Gerardo Iván Tuduri es investigador y artista, fundador del Colectivo Cine sin Autor, creador y desarrollador de La Clínica Imaginaria. Lleva años dedicado al campo de la ficción social y al desarrollo de un nuevo campo de investigación y práctica que denomina la «Imaginación digital», en el cual une lo más poderoso de lo humano (la Imaginación y el material imaginario) con lo más poderoso de las máquinas (lo digital y la inteligencia artificial). Sergio (mi editor, el que me acusaba de haber creado un veneno y querer vender un antídoto) me había dicho, «tienes que hablar con Gerardo, tiene conexiones muy interesantes contigo», y me pasó su teléfono por wasap. Si en la imaginación nace todo, el futuro tenía que estar también allí. Así que me decidí a hablar con él.

C.R.: Gerardo, me gustaría saber cómo llegas a la transformación de la imaginación y cuál es tu visión del rol de la imaginación en el futuro.

G.T.: En mi caso llegué desde el estudio de lo místico, analizando textos de los jesuitas, y extrayendo de ellos varios procesos de cambio y de utilización de la imaginación, para después ver cómo podían utilizarse en otros campos. Después de dos años de trabajo, la pregunta fundamental sobre la posibilidad de la mejora humana me fue llevando inevitablemente al transhumanismo tecnológico primero y al general después. Leyendo a Marvin Minsky fue que empecé a tener la necesidad de definir un modelo de funcionamiento para la imaginación dentro de un modelo general de la mente. Se trata de una nueva visión que une lo imaginario y lo digital, y desde el que se puede trabajar la mejora humana en el sentido transhumanista.

C.R.: ¿Y cómo conectas ambos mundos?

G.T.: Se unen a partir de modelos de cambio, que siempre han existido en las religiones en general. Fui analizando los procesos fundamentales de cambio de los jesuitas, porque había trabajado con ellos hacía muchos años, hasta extraer sistemas analíticos, sistemas interpretativos y sistemas imaginarios. Los jesuitas siempre han sido muy eficaces en eso. Yo dejé solo los procesos como métodos, separados de su interpretación católica.

C.R.: O sea, sacaste como un racional de la religión.

G.T.: Exacto. Ellos tienen un conjunto de ejercicios, reglas y protocolos, que están en el marco de sus ejercicios espirituales. Si les despojas de su faceta religiosa y te quedas con reglas y protocolos descubres que se pueden digitalizar. Ese fue el trabajo que hice, y cuando me encontré con eso en la mano, vi que casi todo se jugaba en el campo imaginario, y ahí encontré la conexión con el transhumanimo.

C.R.: ¿Y qué hiciste a continuación?

G.T.: Definí un protocolo de codificación del yo, y, a partir de ahí, trabajo con una interfaz que transforma el yo en datos que llamo Código Imaginario. En las sesiones que hacemos luego de digitalizar el yo mediante este código definimos un algoritmo que la persona prueba en un protocolo de simulación mental y que después lo lleva a su vida cotidiana para provocar cambios. Es curioso que las religiones detectaran y formularan aspectos que ni siquiera la filosofía occidental pudo formular, y que tienen profunda conexión con lo que nos están revelando las máquinas. La filosofía occidental, sobre todo la europea, sufrió un parón, porque creó en el siglo xviii las utopías laicas que venían a sustituir a las antiguas religiones.

C.R.: Sí, desde entonces no hemos avanzado mucho en la comprensión de nosotros mismos.

G.T.: En este caso se trata de lograr una mística digital, la interioridad transformada en datos. Un big data interior que podemos decodificar y que, para el futuro, todo lo que implica el conocimiento y la mejora humana pasa por que las máquinas nos comprendan mejor como dato, y nosotros nos comprendamos mejor a nosotros mismos como dato. El hardware biológico que utilizamos sigue siendo el mismo que hace siglos. Por eso el transhumanismo lo que se plantea es la superación del hardware biológico en convivencia humanamente beneficiosa con las máquinas. Ontológicamente sabemos que somos entidades diferentes, lo biológico no funciona como lo computacional, pero es más posible que puedan simularse mutuamente.

C.R.: A ver si lo entiendo bien. Lo que estás haciendo es, a partir de un estudio del proceso religioso, tratar de deconstruir la religión en una serie de protocolos... ¿para entrenar personas?

G.T.: La finalidad es la mejora de lo humano. Yo creo que estamos ante un big bang de la imaginación. La hemos utilizado y comprendido hasta un nivel muy limitado, y la existencia de un gran big data y de la inteligencia artificial van a permitir un gran despegue de las estructuras imaginarias. Estamos en ese tope, por eso no podemos comprender los pasos que se están produciendo, por las nociones de exponencialidad y demás nociones que ha despertado la tecnología computacional. Nos cuesta mucho porque el hardware biológico no funciona así. En ese sentido el campo imaginario que yo defino es el campo donde en el futuro se va a dar mejor la mejora humana.

C.R.: Si te entiendo bien, lo que comentas tiene que ver con buscar un sistema que te ayude a transformar la imaginación, a ensancharla.

G.T.: Que ayude, por un lado, a mejorar el hardware biológico, y, por otro, a que las personas puedan convivir con el tejido y los entornos inteligentes. Saco una muestra del espacio imaginario, lo decodifico y trabajo sobre ello.

C.R.: ¿Y cómo lo haces?

G.T.: Es como un decodificador de un campo específico de la actividad mental (la imaginación) que yo defino como objeto de estudio y de operación. Saco muestras y las convierto en datos, como si fuera la caja negra de tu yo. Ya no es biológica, son datos. Y a partir de esos datos provocas cambios. Yo me considero un analista-programador del campo imaginario.

C.R.: ¿Es una especie de sistema artificial?

G.T.: No, es una conversación, como una sesión de coaching, en la que voy sacando esos datos de la conversación de forma codificada, que después la persona va viendo, y, sobre esos datos, vamos construyendo un algoritmo de la sesión con el cual comienza el cambio. Trato de transformar la interioridad, en un episodio que la persona elige, en datos muy específicos sobre los que llevo años investigando. Una vez lo aprende, la persona puede aplicarlo sin mi intervención en su vida cotidiana. Y aunque parezca complejo, se aprende con rapidez.

C.R.: O sea, es como si estuvieras programando a una persona, ¿no?

G.T.: Sí, exacto, lo trato como si fuera un software aunque sabemos que es más complejo que eso. Y como cualquier software procesa datos y tiene reglas y protocolos que lo dirigen, como una gran computadora. Utilizo ese símil, y, a partir de ahí, empiezo a operar y la persona empieza a configurar su cambio. Te permite utilizar tu sistema de pensamiento como si fuera un software. Eso te podría habilitar en un futuro a dialogar con las máquinas de igual a igual, porque habríamos decodificado nuestro mundo interior en algo procesable por la máquina.

C.R.: Como decías antes, recuerda al pensamiento de Minsky.

G.T.: Sí, la idea empezó a surgir leyendo *La sociedad de la mente*, de Minsky, necesitaba construir un modelo de funcionamiento del campo imaginario.

C.R.: Cuando hablas de campo imaginario, ¿te refieres a la imaginación?, ¿o hay algo más?

G.T.: Me refiero a dos cosas. Por un lado la potencia de crear contenidos y en segundo lugar a esos contenidos que crea. El

campo imaginario es todo ese campo de ingeniería de contenidos. Si yo te digo, «vamos al cine esta tarde», la imaginación es
la potencia de crear y los contenidos que crea la realidad mental
de ir al cine.

C.R.: Es un campo simbólico.

G.T.: Exacto, pero que implica también aspectos emocionales,
textuales, visuales, etc. y que repercuten en el total de la vida de
la persona.

C.R.: Yo creé algo parecido para transformar la imaginación a
través de la combinación de símbolos (*Las ruedas mágicas de la
creatividad*) inspirada en la magia renacentista y en el arte de la
memoria. Al final la esencia es romper patrones y clichés de conducta a través de una programación distinta de nosotros mismos.

G.T.: Sí, eso es.

C.R.: Ponme un ejemplo de decodificación. Estamos hablando
ahora, ¿cómo me decodificas a mí?, ¿cómo transformas lo que
yo digo en datos?

G.T.: Primero hay que indagar la disposición real al cambio que
tienes y sobre todo a un cambio exponencial y después comenzamos a trabajar con una muestra de tu campo imaginario, pidién-
dote que elijas un episodio, que puede ser una conversación que
tuvo lugar anoche o algo que te sucedió a los veinte años o un
hecho futuro que quieras anticipar. Entonces rompo con el relato
tradicional porque no te voy a pedir que lo cuentes y vamos co-
dificando el episodio en la interfaz del Código Imaginario. Le

ponemos un nombre al episodio y empezamos a deconstruir hechos, imágenes, textos mentales, afectaciones de todo tipo, instrucciones y respuestas.

C.R.: Te has hecho un lenguaje de programación, un pseudocódigo con el que transcribes un episodio concreto en algo tratable por una máquina.

G.T.: Sí, una vez que aprendes, es como si gestionaras tu vida con código, como si estuvieras programando, y entonces empiezas a crear tu vida de forma diferente. Al final alguien se siente deprimido por una situación y el propio relato y su programación es la que está provocando esos estados. Cuando das con eso ya supone una disrupción en el campo interno de la persona porque podemos empezar a tratarlo digitalmente, con algoritmos, simulación, etc.

C.R.: Es una forma de hackear procesos de pensamiento.

G.T.: Procesos generales, porque trato con contenidos visuales, textuales, físicos, emocionales, es decir, todo lo que supone una entrada de datos. Trabajo con lo que llamo *DADCONs*, Datos y Algoritmos Digitales Conscientes, que es justo ese espacio del campo imaginario donde tú decides qué hacer con tus datos.

C.R.: Por entender el proceso completo, yo tengo una conversación contigo, tú traduces el episodio a un lenguaje, lo codificas y analizas con tu sistema, y enseñas a la persona a decodificar episodios similares para provocar procesos de cambio.

G.T.: Sí, pero no tendríamos esta conversación, no sería una conversación al uso. Seguiríamos estrictamente el protocolo de digitalización de tu episodio sin que me lo narres. Solo configurando el Código Imaginario y luego del análisis de los datos, escribiríamos el Algoritmo de cambio que tú elaboras para comenzar a aplicarlo en tu vida diaria.

C.R.: ¿Y cómo utilizo el resultado después?

G.T.: Porque aprendes a utilizar la inferfaz del código imaginario y a elaborar tus propios algoritmos y corregirlos en tu vida cotidiana, en cualquier momento. Es bastante simple. Y lo puedes hacer todos los días. Eliges un episodio, lo decodificas y encuentras tu algoritmo.

C.R.: Es como una forma de meditación.

G.T.: Sí, una meditación computarizada, digitalizando la vida interior.

C.R.: Exacto.

G.T.: Yo hablo de una mística digital, en ese sentido.

C.R.: Es como si estuvieras meditando y todos esos estados que afloran a la consciencia los estuvieras decodificando.

G.T.: Decodificando y reorganizando alrededor de un algoritmo. Lo vas haciendo tratable por una máquina.

C.R.: ¿Y cómo llevas aquí el pensamiento exponencial?

G.T.: Estamos atravesados por la exponencialidad a través de nuestra relación con la tecnología. Estamos viviendo con entidades que trabajan exponencialmente. O nuestro hardware convive beneficiosamente con esa noción de exponencialidad o sucederá lo que nos pasa ahora, que tenemos un colapso y no entendemos por qué no somos dueños de nuestro propio tiempo. Tú hardware biológico no va a tener el año que viene el doble de memoria ni el doble de capacidad analítica. No funciona así. Tienes que tener en cuenta qué grado de implicación tienes con entornos inteligentes y que conformarán parte de la concepción de ser humano. En ese campo imaginario donde se puede abordar todo lo digital seremos seres digito-imaginarios. El material digital se parece mucho al material imaginario, es un campo donde se puede trabajar en la mejora del ser humano.

Pienso que la imaginación es un proceso de la materia viviente, que tenemos un problema de vértigo antropológico porque la imaginación sigue su rumbo y visualiza que podemos desaparecer, se ha extendido fuera del cerebro y, potencialmente, podría crear entidades que prescindan de nosotros. No es algo que vaya a pasar ya, pero es una posibilidad que tiene que ver con el campo imaginario, con la imaginación. Estamos entrando en ruptura con lo exponencial, porque nosotros no sabemos ni pensar ni funcionar en exponencial. La imaginación funciona exponencialmente, es inmaterial y puede crear cualquier tipo de realidad en su campo. Esto es lo que nos habilita para trabajar desde ella con procesos exponenciales dentro del hardware biológico, y eso es lo interesante. Por eso está explotando y por eso pienso que es el futuro. Porque la exponencialidad de la tecnología nos ha revelado el aspecto exponencial de la imaginación que siempre ha estado ahí. Es el único campo que aguantará porque es el mismo campo que ha creado todo lo digital. Todo lo que existe es porque la imaginación lo ha podido crear.

C.R.: Sí, todo nace primero en la imaginación.

G.T.: Pero por desgracia no se habla de la imaginación como un proceso fundamental. Tenemos una imaginación, digital, cuántica y la hemos infrautilizado. No es que nosotros tengamos imaginación, es que la imaginación nos tiene a nosotros. Ha ocupado nuestros cerebros y se sigue abriendo paso. No es si imaginamos o no, es cómo la imaginación nos imagina a nosotros.

C.R.: Es muy interesante. Gracias por compartir tu sistema con nosotros, quedaremos pronto para una sesión de reprogramación.

Bienvenido al big bang de la imaginación y del pensamiento interdependiente

En este capítulo hemos visto dos ejemplos de cómo la religión todavía tiene herramientas muy valiosas que aportarnos para afrontar el futuro del ser humano; aunque las que recojamos aquí resulten contraintuitivas. El sentimiento religioso está cargado de futuro porque está muy conectado con la mayoría de las cualidades del corazón, por eso creo que lo verdaderamente «progre» es ser religioso.

En el caso de Gerardo, hemos visto como recupera procesos fundamentales del pensamiento religioso de los jesuitas (analíticos, interpretativos e imaginarios) para construir una mística digital, un nuevo lenguaje que nos permita tratar el pensamiento como software y, de esa manera, reprogramarnos con la ayuda de las máquinas. Y el *Hua-yen*, con un lenguaje poético, aparentemente inofensivo y repleto de metáforas, nos transmite desde la antigüedad una realidad conexionista similar a la de las modernas ciencias cognitivas, y nos introduce a la forma más sofisticada y cuántica de pensamiento: el pensamiento interdependiente. **Si pensabas que el pensamiento exponencial era el máximo nivel de pensamiento, ¡bienvenido al «pensamiento interdependiente»!**

Y te preguntarás, ¿cómo llevo la metáfora de la red de Indra y el pensamiento interdependiente a mi vida?

Muy sencillo. Solo tienes que interiorizar que eres luz, una perla brillando como si se tratara de una estrella de gran magnitud. No es solo una metáfora. Si prestas atención, podrás ver el reflejo de tu luz en otras personas. A lo mejor al principio es una luz tenue, pero, a medida que aumente tu nivel de consciencia en tu relación con los demás y dejes que tu corazón (del que hablábamos antes) se transforme en un pequeño sol, tus relaciones se transformarán.

Te puede parecer una tontería, pero todos queremos estar cerca de personas que irradien luz, aunque pocas lo expresarían así. La gente quiere acercarse y trabajar con personas que les hagan sentirse bien, es la «regla de oro de la amistad» que aprendí de Jack Schafer en *Influencers*.

Puedes empezar haciendo algo muy sencillo para ejercitarlo. Piensa en reflejos. Confecciona una lista con todas aquellas cosas que ejercen un reflejo sobre ti y las consecuencias que tienen sobre la luz que emites. Empieza compilando las personas con las que te relacionas, en tu entorno más cercano, en el trabajo, etc. Después incorpora otros estímulos, los alimentos que ingieres, las noticias que consumes, los libros que lees, los programas que ves en televisión, la música que escuchas, los proyectos a los que dedicas tu atención, etc. Intenta ser lo más exhaustivo posible, porque todas esas cosas emiten un reflejo sobre tu superficie, que, en última instancia, se refleja sobre los demás. Y después trata de observarte en los demás, como si te miraras en un espejo. Tras interactuar contigo, ¿su brillo aumenta o disminuye?

Reflejo	Consecuencia del reflejo

Siento haberme puesto demasiado místico para terminar, pero **no creo que haya nada más hermoso en la vida que tratar de aportar algo de luz a los demás. Es la forma suprema de felicidad,** tocar el corazón de alguien e iluminarlo con un rayo de luz.

Carta de personaje:
«Religión del futuro»
(pensamiento interdependiente)

SUPERPODERES	
Defensivos:	**Ofensivos:**
• **Consuelo cósmico**. Plus en la búsqueda de sentido y en tu lucha particular contra la angustia existencial.	• **Brillo infinito**. Capacidad para ejercitar el pensamiento interdependiente (la forma más sofisticada de pensamiento) profundizando de forma cada vez más rica en la relación entre causas y efectos. ¡Todo está conectado con todo!
	• **Campo imaginario**. Poder para provocar cambios conscientes en la microprogramación de nuestro yo y en nuestra imaginación exponencial.

Epílogo:
Todos los personajes en acción

Existen muchas posibles configuraciones del campo de batalla en nuestro particular arte de la guerra «humanos vs máquinas». Imagínate un tablero vacío (sí, está inspirado en uno de mis juegos favoritos). ¿Dónde colocarías a cada personaje y por qué?

Aquí va una posible configuración. Yo pondría la inteligencia del corazón en el centro de la retaguardia y la flaquearía con dos cartas de «búsqueda», la de sentido, a través del *ikigai*, y la de la propia singularidad, que en definitiva está muy unida al *ikigai*. Estas tres cartas representan tu esencia. Empezaría jugando con ellas.

En la línea frontal de defensa colocaría cuatro cartas formando una barrera protectora, dos de tiempo, el valle inquietante y el invierno, una de incertidumbre (el famoso gato) y otra de pensamiento crítico (el territorio). Estos personajes te garantizan oxígeno, conseguirán que las máquinas se aproximen mucho más lento y te permitirán distinguir mejor su posible impacto. Pero, ¡no te confíes! Por si acaso, detrás de ellas, colocaría, como avanzadilla de ataque, cinco tipos de pensamiento: el pensamiento polímata (intersecciones y creatividad en las fronteras entre disciplinas), el centauro (pensamiento híbrido humano-máquina), el exponencial (*hackeando* el pensamiento lineal), el espacial (pensando que en unas décadas la Tierra se nos quedará pequeña) y el interdependiente (pensando en causas y efectos). Si comienzas a desarrollar estos cinco estilos de pensamiento, unidos al pensamiento crítico (para evitar territorios de la máquina), manejarás seis técnicas de combate demoledoras y ¡serás prácticamente invencible!

En la ilustración siguiente puedes ver a todos los personajes en acción.

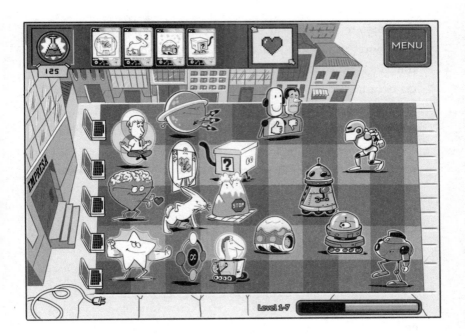

¿Qué pretendo con esto? El objetivo de las cartas es **forzar la asociación** entre un lugar físico (cada carta) y un lugar mental (su significado), y que, a través de ese vínculo asociativo, el simple hecho de pensar en una carta o sostenerla en tus manos, traiga a tu memoria todo su significado y te facilite su aplicación. Por ejemplo, conseguir que cuando veas la liebre exponencial, vengan a tu cabeza, como por arte de magia, los diez atributos de las ExO, la conversación con Bernardo y Alfredo, y el *framework* de las 4 Ds de Singularity. ¿Por qué? Porque has creado un «ancla mental» entre el conejo y el contenido del capítulo. Parece un ejercicio inofensivo, pero yo lo llevo ejercitando durante años, y si lo pones en práctica servirá para activar cada estilo de pensamiento sin que te des cuenta, como si fuera una meditación o una fórmula mnemotécnica de concentración.

Como te decía al principio del libro, no sé si estas cartas son las mejores o no, pero sí que son las mejores que he sabido encontrar, y **son con las que yo voy a jugar mi partida en la próxima década.** Espero que a los dos nos haga efecto el mismo antídoto. Si encuentras algún ingrediente que se me haya pasado estaré encantado de escucharte. Escríbeme a hola@carlosrebate. com ¡y lo mejoraremos juntos!

¡Te deseo toda la suerte del mundo y el mejor de los futuros!

Bonus track 1:
El secreto para construir
un futuro feliz

Dedicado a Natalia (la del codazo en los riñones ☺)

«El amor ahuyenta al miedo»

ALDOUS HUXLEY

Tengo una teoría sobre el amor y el miedo. Durante años, mis hijos y yo hemos desarrollado una efectiva técnica para sustituir el segundo por el primero. Te lo cuento tal y como lo vivimos.

Al parecer ronco por las noches (eso me han dicho). Creo que mis ronquidos ejercen una película acústica alrededor de mi cuerpo que me impide escuchar a mis hijos durante la noche cuando tienen pesadillas.

Natalia, mi mujer, tiene un oído finísimo, capaz de distinguir la voz del hijo que tiene pesadillas en medio de la oscuridad de la noche, y de reunir la suficiente energía como para darme un codazo en los riñones y balbucear un nombre («Lucía» o «Lucas») sin apenas despertarse.

El codazo suele vencer la película acústica que me protege del ruido exterior y me levanto como un autómata en la dirección indicada. Mis hijos me llaman a mí siempre, porque, aunque desconocen que no les escucho, saben que soy el que finalmente acude en su auxilio.

Al llegar a su habitación, me los encuentro atemorizados por culpa de una araña imaginaria, una cucaracha, un zombi o algún ninja rabioso, y entonces ponemos en práctica una depurada técnica que inventamos para sustituir la pesadilla por un sueño bonito.

Lo primero que hacemos es extraer el mal sueño. Para succionarlo, acerco mis labios a su frente y sorbo con fuerza tres veces, ni una más ni una menos, haciendo una pausa teatral después de cada sorbo para expulsar la pesadilla fuera de sus delicadas cabecitas.

Una vez succionada la pesadilla, es el momento de implantar en su lugar un nuevo sueño, que llene ese espacio y que les haga viajar con su imaginación hacia un precioso lugar en su memoria.

Solemos acordar el pensamiento a insertar antes, buscamos un momento especial en familia o alguna anécdota divertida. Una vez acordado, procedemos a la fase de inserción. Vuelvo a pegar los labios en su frente, en un punto preciso y precioso entre sus ojos, y en lugar de sorber, les doy un beso, mientras pienso con toda la intensidad de la que soy capaz en la imagen que acabamos de acordar. Como si al pensarlo con mucha fuerza, ese pensamiento fuera a deslizarse hacia su cabeza a través de mi beso, como en efecto sucede.

«Ya está, la pesadilla ha desaparecido, ya tienes un sueño bonito», les digo, y vuelven a dormir a pierna suelta durante toda la noche. Las pesadillas siempre desaparecen cuando un sueño hermoso ocupa su espacio.

Esta sencilla técnica puede revolucionar el futuro del ser humano, porque dentro de cada adulto infeliz vive un niño asustado al que nadie sorbió sus pesadillas a tiempo. A efectos prácticos, es mucho más inteligente dejar el futuro en manos de personas felices, que en manos de personas con miedo.

Si todos los padres del mundo le dedicáramos cinco minutos cada noche a imprimir un sueño hermoso en la mente de nuestros hijos, crecerían en un mundo de sueños hermosos, y trabajarían para construir un futuro acorde a sus sueños.

Así que, si queremos garantizar el futuro del ser humano como especie, tenemos que empezar por la base, por besar con intensidad a nuestros hijos cuando tienen miedo, porque, como decía Huxley, el amor ahuyenta al miedo.

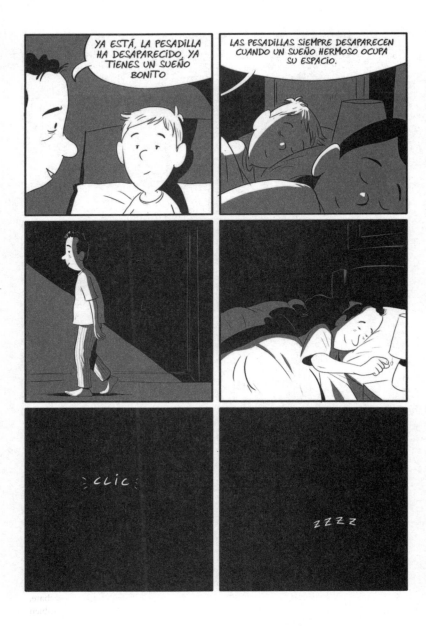

Bonus track 2:
Teoría del pentágono simplificada

Como este sistema, mi **sistema pentagonal de gestión de sueños**, siempre ha despertado mucho interés en mis conferencias, he decidido incluirlo resumido también aquí, por si te es útil y no lo conocías[130].

Desde hace ocho años organizo mi vida (la relación entre mis sueños, atención, memoria y subconsciente) con un pentágono, no se trata solo un pentágono, sino de una **estrategia geométrica para hacer realidad mis sueños**, formada por 5 líneas, 5 puntos, 1 pentágono y 1 círculo.

Las **5 líneas** representan quién quiero ser en 5 dimensiones:

- **Persona**: en ella defino quién quiero ser (en formato misión personal) como padre, marido, hijo, hermano, amigo, etc.
- **Profesional**: quién quiero ser cómo profesional (qué quiero aportar)
- **Emprendedor**: quién quiero ser cómo emprendedor, qué proyecto nuevo sueño con lanzar.

---

130. Si quieres saber más puedes ver alguna de mis conferencias en https://carlosrebate. com o https://tuempresasecreta.com o leer nuestro libro *Tu empresa secreta,* también editado por Empresa Activa.

- **Alumno:** quién quiero ser como alumno, qué quiero aprender.
- **Retorno social:** qué quiero devolver a la sociedad.

Estas 5 líneas son mis 5 áreas de atención, y, en el centro, se encentra un simpático sabueso que no es otro sino mi **sistema reticular activador ascendente,** una estructura del cerebro que se encarga de buscar dentro y fuera de nosotros todo aquello que está conectado con lo que ocupa nuestra atención y que empleo para **multiplicar mi productividad.**

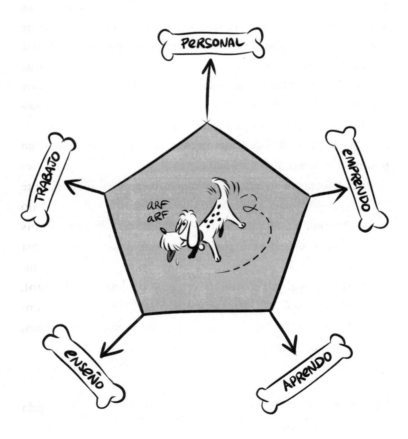

Estas 5 líneas todavía no contienen proyectos concretos. Se trata de una visión a largo plazo de ti mismo. Son flechas que salen de cada uno de los vértices del pentágono.

Me suelen preguntar: ¿tiene que ser un pentágono?

La respuesta es NO.

Tiene que contener las áreas de atención que necesites y tiene que ser manejable para ti. Yo encontré mi equilibrio en estas 5 dimensiones, pero en tu caso podría ser un cuadrado, un hexágono o un triángulo. Lo que necesites.

¿Cuál es el poder de esta figura geométrica? Igual que con las 12 cartas de personajes de este libro, el poder del pentágono se encuentra en que, al **asociar los vértices a distintas áreas de atención,** te será imposible recordar el pentágono (o la figura que hayas escogido) y no recordar a su vez la persona en la que quieres convertirte. Esa es mi manera de conectar consciente y subconsciente a través de la memoria, de tener siempre mi misión personal a un nivel consciente.

El siguiente paso es colocar **un proyecto (un punto) en cada área de atención** (vértice del pentágono). El proyecto tiene que ser específico, ambicioso, realizable, y que a su vez te haga una ilusión terrible. En mi caso construyo un pentágono cada año y trabajo sobre él. Cuantos más puntos (año tras año) vayas colocando en la misma dirección (línea), más cerca estarás de la persona en la que quieres convertirte. Por ejemplo, si quiero convertirme en escritor (línea emprendimiento), tengo que escribir libros (puntos en esa línea); si quiero convertirme en corredor de fondo, tengo que correr maratones, etc.

Aquí van algunos ejemplos de proyectos:

- Publicar un nuevo libro y que en el primer año venda más de X mil ejemplares.

- Definir e impulsar un proyecto de transformación cultural inspirado en las mejores prácticas a nivel mundial o en personas inspiradoras.
- Participar como ponente en [ese evento de tu sector en el que sueñas con participar]
- Tener una entrevista en [esa empresa en la que sueñas con trabajar]
- Correr la Madrid Rock Maratón.
- Conseguir ahorros en tu empresa de X M€ gamificando la innovación.
- Completar la segunda etapa en familia (Venecia) de nuestro particular viaje alrededor del mundo (siguiendo a Willy Fog)
- Conseguir una licencia para organizar un TEDx.
- Impulsar con éxito un proyecto de desarrollo geográfico en Filipinas/India/Polonia/donde sea.
- Recaudar X en una campaña de crowdfunding para contribuir con [esa causa social a la que te gustaría ayudar]
- Cursar [el programa de formación que más te llene en la escuela de negocios que más te guste]
- ...

Cuando construyo mi pentágono anual trato de rodearlo con un **círculo imaginario**. Ese círculo representa mi zona de confort. Entonces trato de tirar de los puntos (situados en los vértices) hacia afuera, para ir un poco más allá de lo que pensaba que era posible.

Con este sencillo sistema, estás **convirtiendo tus sueños y metas** en vértices de un pentágono. Los estás convirtiendo **en proyectos,** y a lo mejor no sabes gestionar sueños... ¡pero sí proyectos! El simple hecho de ponerles un nombre y escribirlos te acercará a ellos. Y, del mismo modo que ocurría con las áreas de atención, te será imposible pensar en el pentágono sin recordar tus proyectos.

Si aplicas esta filosofía durante un tiempo verás resultados. ¡A mí me funciona! ¿Te animas a construir el tuyo?

Agradecimientos

Todo mi cariño y agradecimiento a todas las personas fantásticas de las que aprendí en este libro: a Dean Romero, por introducirme en el universo SEO; a Javier Sirvent, por su sentido del humor y por ser un gato de Schrödinger inmejorable; a Fernando Font, por ser mi gurú en RPA; a Meirav Kampeas y a Cipri Quintas, por ser corazón; a Mavi Sánchez-Vives, porque el estudio del cerebro me vuelve loco y me hizo una ilusión terrible charlar con ella; a Nacho Villoch, por ser una gran inspiración polímata; a Paco Bree, por sumarse de nuevo a mis locuras y enseñarme tanto sobre innovación; a Francesc Miralles, por regalarnos herramientas para perseverar en la búsqueda de nuestro *ikigai*; a David Vivancos, porque siempre contagia inspiración; a Alfredo Rivela, por compartir con nosotros su experiencia exponencial; a Bernardo Hernández, porque es un orgullo contar con visionarios como él en España; a José Manuel Gil, por recordarnos que solo a los bebés les gusta que les cambien, y que la gestión del cambio será una competencia básica en el futuro del trabajo; a Maite Román, porque es un gran honor haber sido alumno suyo, y a Gerardo Ivan Tuduri, porque me alegró mucho poder charlar con otro fan del poder de la imaginación.

Me encantó aprender de vosotros.

Gracias también de corazón a Raquel Roca y Andy Stalman, por sus cariñosas palabras y porque son un ejemplo y un faro de lo que este libro significa. Y a Santy Gutiérrez, ¡mi superilustrador! Me llena de orgullo contar con ellos en esta nueva aventura.

Gracias a Lucas, mi hijo pequeño (7), por su «asesoramiento Pokemico», y a Lucía, mi hija mayor (10), por sus consejos en los títulos e ilustraciones. Los dos tienen una dilatada experiencia en su empresa de cómics ☺.

También quiero agradecer a Giorgos Kontaxakis la acogida de su preciosa familia en Boston en mi sueño de visitar Harvard y el MIT, y que, junto con Toyi, hayan sido *proof readers* de este libro. A mi madre, por enviarme por wasap todos los artículos de IA que encuentra ☺. A Myriam González Navarro, por presentarme a Meirav y Cipri y por invitarme a sus eventos. A Luis Gutiérrez, por su gran corazón y por usarme de «conejillo de indias» con sus gadgets de coaching de coherencia cardiaca. A mis alumnos de la universidad para soñadores, por su apoyo incondicional. A mis compañeros de Onesait Language y Onesait Data, por lo mucho que aprendo de ellos. Y a Sergio Bulat y Patricia Perales, de Empresa Activa y Ediciones Urano, por volver a confiar en otro de mis proyectos locos. **Un nuevo placer soñar juntos.**

ECOSISTEMA DIGITAL